Über dieses Buch Die Auseinandersetzung mit dem Krieg in Vietnam hat Ende der sechziger Jahre, Anfang der siebziger Jahre eine ganze Generation von Studenten politisch geprägt und zum Engagement für den Frieden herausgefordert. Zehn Jahre später, nach dem Sieg der vietnamesischen Befreiungsfront, wurde die Tragödie der ›Boat people‹ für viele von ihnen zum Testfall für die Glaubwürdigkeit ihrer Vorstellungen von einer humanen und gerechten Gesellschaft. Die Autorin hat seit nunmehr zwanzig Jahren diesen Prozeß politischer Bewußtseinsbildung miterlebt und darüber geschrieben.

Ihre Begegnung mit Vietnam begann Mitte der sechziger Jahre mit Studien zur Kultur und Geschichte des Landes und über die Hintergründe des Kriegs; die Begegnung wurde vertieft durch Kontakte mit vietnamesischen Studenten – Buddhisten, Katholiken, Anhängern der ›Nationalen Befreiungsfront‹ –, die in der Bundesrepublik studierten. Die Autorin befragte sie 1968/69 für eine Sendung des Westdeutschen Rundfunks ›Vietnam nach Vietnam – Probleme des Friedens‹ über ihre Zukunftsvorstellungen. 1979, im Oktober – auf dem Höhepunkt der Fluchtbewegung –, erhielt sie nach jahrelangen Bemühungen endlich die Einreisegenehmigung für einen Besuch im Land. Mit kritischer Anteilnahme berichtet die Autorin tagebuchartig über ihre widersprüchlichen Eindrücke in Hanoi und Ho-Tschi-Minh-Stadt, wie Saigon heute heißt. Ihr besonderes Interesse galt dabei der Situation der Frauen und Minderheiten.

Die zusammen mit ihrem Reisebericht und der Beschreibung der weiteren Entwicklung des Landes veröffentlichte Auswahl früherer Arbeiten und Gedichte zum Thema Vietnam will bewußt nicht eine weitere Darstellung des Kriegs sein, sondern ein Stück persönlich erlebter Geschichte vergegenwärtigen.

Die Autorin Renate von Gizycki studierte und promovierte in Göttingen; außer über Vietnam und Südostasien arbeitete sie als Ethnologin und Publizistin über Dritte-Welt-Probleme und den Pazifik. Im Fischer Taschenbuch Verlag erschien 1986 ihr Buch ›Nachbarn in der Südsee – Reiseberichte über Inseln im Pazifik‹.

Renate von Gizycki

Begegnung mit Vietnam

Geschichte einer Reise

Fischer
Taschenbuch
Verlag

Lektorat: Anke Rasch
Redaktion: Cornelia Krutz-Arnold

Originalausgabe
Veröffentlicht im Fischer Taschenbuch Verlag GmbH,
Frankfurt am Main, März 1987

Umschlaggestaltung: Jan Buchholz/Reni Hinsch
unter Verwendung eines Fotos von Renate von Gizycki
Gesamtherstellung: Clausen & Bosse, Leck
Printed in Germany
1080-ISBN-3-596-23885-4

Inhalt

Vorwort

Im Mittelpunkt dieses Buches steht meine Reise nach Vietnam auf dem Höhepunkt der Tragödie der »Boat people« 1979, aber meine erste Begegnung mit Vietnam reicht bis in die Mitte der sechziger Jahre zurück. Am Anfang waren es kurze Meldungen auf der fünften Seite großer Zeitungen, die mich irritierten, wenige Zeilen über Terror und Tod in einem unbekannten Land namens Vietnam.

Was hatte das mit mir zu tun? Ich beschäftigte mich damals im Studium mit den Bergvölkern Hinterindiens, die zum Teil in Indochina lebten. Ich hatte Expeditionsberichte über die Meau gelesen und war fasziniert von der Entdeckung der »Geister der gelben Blätter«, die der Forscher Bernatzik nach langen Elefantenritten im Dschungel aufgespürt hatte. Es gab also kurz vor dem Zweiten Weltkrieg in den Bergen Indochinas noch unbekannte Steinzeitstämme, es gab dort Menschen, deren Kultur nicht einmal die Ethnologen kannten. Um so mehr war ich schockiert, als ich eines Tages (im März 1964) im *Spiegel* ein Foto entdeckte, das mir plötzlich die Augen öffnete für eine ganz andere Wirklichkeit: Es zeigte einen asiatisch aussehenden jungen Mann, fast noch ein Kind, der von zwei stämmigen weißen Soldaten im Tarnzeug mit seinen Fingerspitzen an Elektroden angeschlossen und auf einem Hocker festgehalten wurde. In der Bildunterschrift dazu hieß es, die »Green Berets« würden jetzt auch Lügendetektoren einsetzen, um den kommunistischen Feind im laotischen Dschungel (also in »Hinterindien« bzw. »Indochina«) zu bekämpfen. Da sie das Dorf verlassen vorgefunden hätten, wollten sie nun auf diese Weise die Wahrheit über den Aufenthalt der Dorfbewohner erfahren. Offenbar war der Junge nicht bereit, freiwillig etwas über den Verbleib seiner Angehörigen auszusagen.

Von diesem Augenblick an konnte ich nicht mehr so unbefangen wie vorher die Kulturen dieser Menschen studieren, »wertfrei« forschen: Der ethnologische Begriff des »Kulturkontakts« hatte für mich seine Neutralität verloren. Ich begann mich zu fragen, was sich eigentlich in der Gegenwart (also 1964) in den Wäldern Hinterindiens zutrug.

Heute, im Rückblick auf jene Jahre, ist es schwer vorstellbar, wie wenig man selbst an einer Universität wie Göttingen über die historischen und sozialen, geschweige denn aktuell politischen Hintergründe der im Foto festgehaltenen Situation erfahren konnte. So mußte man zum Beispiel wissen, daß die französische Kolonialmacht das heutige Vietnam in Tongking, Annam und Cochinchina machtpolitisch aufgeteilt hatte, um – nach dem Prinzip des Teilens und Herrschens – das unterworfene Land besser verwalten und ausbeuten zu können; um 1900 wurde es dann mit Laos und Kambodscha zu Französisch-Indochina zwangsverbunden. Diese Situation spiegelte sich noch zehn Jahre nach der Niederlage der französischen Armee in Dien Bien Phu (1954) im Schlagwortkatalog der Universitätsbibliothek wider: VIETNAM kam darin nicht vor.

Heute kann man sich auch nur noch schwer vorstellen, daß Schriftsteller, die ganz selbstverständlich nach Nicaragua reisen, um ihre Solidarität zu bekunden, vor zwanzig Jahren Vietnam für »weitentlegenes Elend« hielten (zum Beispiel Günter Grass).

Ich begann also Mitte der sechziger Jahre mit Studien zur Kultur und Geschichte des Landes und über die Hintergründe des Krieges, und ich begann zu begreifen, daß die Stammesvölker im Dschungel und die Reisbauern Vietnams in westlichen Medien und in der Öffentlichkeit unseres Landes bloße Schachfiguren waren, Bauern, die man einfach aus dem Spiel nimmt, wenn es um einen strategisch wirksamen Zug geht.

Nach hundert Jahren Kolonialherrschaft und nach japanischer Besetzung im Zweiten Weltkrieg hatte Vietnam unter der Führung Ho Tschi Minhs 1945 zum ersten Mal versucht, seine nationale Unabhängigkeit als ein Land mit einer über zweitausend Jahre währenden Geschichte wiederzugewinnen. Frankreich, später dann die USA und heute auch China mochten sich indessen mit diesen Bestrebungen nicht abfinden, und sie intervenierten in einem nun schon mehr als dreißigjährigen Krieg, dessen Folgen noch immer schwer auf den Menschen Vietnams lasten.

In dieser Situation fiel es mir nicht schwer, für diese Menschen Partei zu ergreifen. Ich reagierte mit Gedichten und schrieb dann – beeindruckt vom Leitsatz eines vietnamesischen Historikers, Le Thanh Khoi, nach dem es Aufgabe der Wissenschaft sei, unser Handeln zu klären – meinen ersten Rundfunkbeitrag zur Sozial- und Kulturgeschichte Vietnams: »Reisbauern und Mandarine« (1965–67), der 1967 im WDR gesendet wurde.

Die in diesem Buch dokumentierte »Begegnung mit Vietnam« will bewußt keine weitere historisch-politische Untersuchung des Kriegs in Vietnam sein – obwohl sie zum Beispiel durch die Befragung vietnamesischer Studenten nach ihren Zukunftsvorstellungen mitten im Krieg (1968–69, vom WDR 1969 gesendet) auch dazu einen Beitrag leisten kann. Es geht mir heute bei dem Bericht »Vietnam nach Vietnam« aber eher um eine persönliche Dokumentation der Begegnung mit diesem Land, um ein Stück persönlich erlebter Geschichte, und es ist dabei meine Hoffnung, daß er gemeinsam mit den anderen Texten Einblick gibt in die Erfahrung einer Generation, für die Vietnam zum Symbol der Suche nach einer gerechteren Welt wurde.

Vietnam und kein Ende

Vietnam in Göttingen (1965)

Etwa Mitte der sechziger Jahre erreichte die amerikanische Diskussion um den Krieg in Vietnam politisch interessierte Studenten – in Göttingen zum Beispiel im Umkreis der Zeitschrift *politikon*; gerade hatte die Redaktion mit einem Themenheft über die Universität im Dritten Reich Studenten und Professoren zur kritischen Reflexion der eigenen Vergangenheit aufgefordert und die Umstände des geistigen Versagens in dieser Situation dokumentiert (1965). Nun ging es – und das war kein Zufall, sondern nur konsequent – um die Frage demokratischer Glaubwürdigkeit in der Gegenwart. Wurde wirklich in Vietnam die Freiheit Berlins verteidigt?

Im Februar 1966 erschien dann ein Heft (an dem ich mitgearbeitet habe) mit dem Schwerpunktthema »Krieg in Vietnam«. In dieser Zeit gab es auch die ersten Straßendemonstrationen gegen den Krieg, an denen damals noch bürgerlich gekleidete Professoren teilnahmen; die blau-weiß-roten Fahnen des Vietkong kamen später ins Bild.

Meine erste persönliche Begegnung mit Menschen aus Vietnam fiel ebenfalls in diese Zeit: Nach einer Podiumsdiskussion in der Aula der Universität, am Aschermittwoch 1965, die unter anderem vom SDS und RCDS veranstaltet worden war, setzten wir im kleinen Kreis in der akademischen Burse unsere Diskussionen fort. Ich erinnere mich an Einzelheiten: Ein junger Student aus Saigon, der noch nicht lange in der Bundesrepublik studierte, beklagte mit leiser Stimme die Härte unserer Auseinandersetzungen, die extremen Standpunkte. Ob man denn nicht Kompromisse schließen müsse? Er wirkte sehr fremd und zart zwischen den Göttinger Studenten und brachte mir zum Bewußtsein, wie wenig wir bisher auf seine Anwesenheit und auf seine kulturelle Herkunft Rücksicht genommen hatten, ein Problem, das ja im Grunde bis heute in vielen Diskussionen fortbesteht. Als sein Kollege, ein buddhistischer Wissenschaftler, der schon etwas länger im Lande war, in gutem Deutsch und mit präziser Kenntnis der Zusammenhänge schließlich zu Wort kam, wurde deutlich, wie sehr wir Europa und den Westen für den Nabel der Welt hielten. Aus seiner – einer vietnamesischen – Sicht der Dinge waren andere Fragen wichtiger als die globalstrategischen Auswirkungen ideologischer Konflikte. Der katholische Diktator Diem habe schon in den fünfziger Jahren mit Hilfe des CIA eine kommunistische Gefahr suggeriert, um die Macht der eigenen Familie zu stärken. Er habe viele Vietnamesen, keineswegs nur Anhänger der NLF (der nationalen Befreiungsfront) in den Untergrund getrieben, da sie um ihr Leben fürchten mußten. »Wir fühlen uns als Fremde im eigenen Land«, meinte er, und viele könnten deshalb nicht nach Vietnam zurückkehren. Es sei nicht richtig, von Nord- und Südvietnam als zwei Nationen zu sprechen. »Wir Vietnamesen sind ein Volk«, erklärte ein anderer Student, und Ho Tschi Minh sei in erster Linie ein Nationalist.

Sätze, die mir im Gedächtnis geblieben sind. Die Gespräche an diesem Abend waren der Beginn langandauernder Begegnungen mit Studenten und Praktikanten aus Vietnam.

Es folgten gemeinsame Tagungen, zum Beispiel ein Wochenende auf dem Jugendhof Dörnberg, zu dem auch ein amerikanischer Konsulatsbeamter aus Frankfurt angereist war (1967). Unter den teilnehmenden Vietnamesen gab es keine Meinungsverschiedenheiten darüber, daß der Krieg der USA beendet werden müsse, auch wenn man sich über die Wege zum Ziel nicht einigen konnte.

Im Laufe der Jahre entwickelten sich unter den Studenten aus Süd-Vietnam, die ja zunächst von ihrer Regierung für die Ausbildung in der Bundesrepublik ausgewählt und für verläßlich befunden worden waren, sehr unterschiedliche politische Orientierungen.

Vietnam in Dassel (1968)

Auf einer Arbeitstagung des vietnamesischen Studentenverbandes in der Bundesrepublik, mit Gästen aus Frankreich und Belgien, kamen schließlich an die siebzig Studenten aller Konfessionen und politischen Richtungen zusammen, um über ihre Lage und über Krieg und Frieden in ihrer Heimat zu beraten. Nach der Têt-Offensive hatten die Repressionen des Thieu-Regimes weiter zugenommen. Nachrichten wie »Friedenskandidat im Zuchthaus« oder »Studentenredakteur verhaftet« waren an der Tagesordnung.

Als Teilnehmerin an dieser Tagung junger Vietnamesen, zu der ich als Referentin eingeladen worden war, wurde mir zum ersten Mal bewußt, was es heißt, sich als Fremde und als Gast in einer asiatischen Welt aufzuhalten. Um den großen Tisch herum waren Buddhisten, Katholiken, Anhänger der NLF versammelt – unter ihnen buddhistische Nonnen in grauen Tuniken, die mit Interesse in den mitgebrachten Büchern blätterten. Viele Studenten haben wohl bei dieser Gelegenheit zum ersten Mal die Schriften ihres Landsmanns Ho Tschi Minh vor Augen gehabt – in deutscher Übersetzung! Ich war beeindruckt von Le Thi Bich Chau, einer eleganten Frau aus Paris, die ihr radikales Engagement für den Frieden mit der Hoffnung auf die Befreiung der Frau in ihrem Lande verband.

Eines Tages, wenn endlich Frieden ist, würde ich das Land besuchen! Als ich diese Hoffnung am Ende meines Beitrages über die sozialen und kulturellen Hintergründe des Krieges äußerte, war die Reaktion darauf freundlich, und sie bestärkte mich in meinem Wunsch, Vietnam mit eigenen Augen sehen zu wollen. In Gesprächen mit Freunden auf dieser Tagung in Dassel entstand auch der Gedanke, die unter uns in der Bundesrepublik lebenden Vietnamesen nach ihren eigenen Vorstellungen von einem Frieden in Vietnam zu befragen.

Vietnam in Amerika

Vietnam in den USA? Das war für mich 1972, als ich zum ersten Mal – und wegen der Bombardierung Hanois zunächst widerstrebend – auf Einladung von Freunden nach Amerika kam, eine wichtige Erfahrung: Kein Tag verging in New York oder auf dem Campus der Harvard Universität ohne lauten Protest und Widerstand gegen den Krieg in Vietnam. Studenten und junge Wissenschaftler blieben nicht bei radikalen Sprüchen und Parolen stehen. Sie riskierten ihre akademischen Karrieren, machten sich durch Gegenforschung, verbotene Hilfsaktionen oder Informationsreisen nach Hanoi strafbar. Professoren der Biologie untersuchten schon damals die verheerenden Folgen der Entlaubungsgifte wie Dioxin und setzten alle Hebel in Bewegung, um die Öffentlichkeit auf die im Namen ihres Landes begangenen Verbrechen aufmerksam zu machen.

Wohl nie zuvor in der Geschichte waren die Universitäten so sehr zum Antikriegsschauplatz geworden wie in jenen Jahren in den USA.

Die Nachrichten vom bevorstehenden Ende des Kriegs in Vietnam erreichten mich im Frühjahr 1975 an denkwürdigem Ort, in Makaha auf Hawaii, nahe Pearl Harbor; dort hatte 1941 mit dem Angriff japanischer Flugzeuge auf die Pazifikflotte der US-Navy die militärische Verwicklung Amerikas in die asiatische Politik der Gegenwart begonnen. Der tägliche Lärm der Hubschrauber, die zwischen der Küstenebene und den Bergen von Makaha, zwischen Schofield und Wheeler Barracks unterwegs waren, vermittelten mir ein Stück konkreter Anschauung, mit welcher Vernichtungsmaschinerie das kleine Land konfrontiert worden war. An diesem historischen Ort also kamen mir die Schlagzeilen vom Vormarsch des Vietkong auf Saigon vor Augen; kurz darauf folgten dann die noch heute unvergessenen Fotos vom Ende, mit den Fluchthubschraubern auf dem Dach der amerikanischen Botschaft.

Wenige Jahre später, 1983 auf dem Campus von Berkeley, ist – auf den ersten Blick – nichts mehr zu spüren vom Krieg und vom Protest, der als Free-speach-movement hier vor rund zwanzig Jahren seinen Anfang genommen hatte und sich dann wie ein Buschfeuer in der westlichen Welt verbreitete.

Es fällt auf, daß der Anteil der asiatischen Studenten merklich zugenommen hat. Eine Kollegin aus Vietnam arbeitet hier seit einiger Zeit mit einem Forschungsstipendium über Frauenliteratur in der Dritten Welt und über die Probleme weiblichen Schreibens in der Sprache ihrer Unterdrücker – politisch ein wenig auf verlorenem Posten. Jedenfalls hat sie keinen Kontakt zur neuen Saigontown und den Gettos ihrer Landsleute, die inzwischen in und um San Francisco in der Bay Area entstanden sind, und wo etwa zweihunderttausend der sechshunderttausend Flüchtlinge in den USA leben; viele von ihnen hatten mit den Amerikanern zusammengearbeitet, und manche träumen noch von einer gewaltsamen Rückkehr. An der Uni herrscht Ruhe. Die Kids auf dem Campus von Berkeley büffeln nun fürs Examen oder laufen in der Mittagssonne Rollschuh rund ums Sather Gate.

Vietnam – verdrängt, vergessen? Oder neu beschworen für die Größe der Nation?

Zehn Jahre nach dem ruhmlosen Ende ist die Diskussion über das amerikanische Engagement zwischen Befürwortern und Gegnern des Krieges an anderer Stelle wieder aufgeflammt. Historiker und Publizisten befehden sich mit großer Heftigkeit, wenn es um die Rechtfertigung des Geschehenen geht. Ich will an dieser Stelle nicht eine weitere Rechnung aufmachen, ob es beispielsweise im Korea- oder im Vietnamkrieg mehr Tote unter den Zivilisten gegeben hat; für mich sind solche Analysen im Ansatz inhuman.

Auch interessiert mich die Frage, ob Hanoi vor oder nach der Entsendung der »mysteriösen Division 325« in den Süden bombardiert worden ist, noch immer weniger als die Frage, wieso sich die Weltmacht USA überhaupt in diesen verspäteten Kolonialkrieg einmischen mußte. Die Flut der in den letzten Jahren erschienenen Publikationen jedenfalls konnte mich nicht von meiner Meinung abbringen, daß die Vereinigten Staaten besser daran getan hätten, nach dem Zweiten Weltkrieg die Rückkehr der alten Kolonialmacht Frankreich in das von den Japanern befreite Indochina zu verhindern und die Kräfte der Unabhängigkeitsbewegung zu unterstützen. Angesichts der Sympathien, die Amerika damals noch – zum Beispiel auch bei Ho Tschi Minh – genoß, und vor dem Hintergrund der über zweitausend

Jahre währenden Geschichte der nationalen Selbstbehauptung hätte Vietnam wahrscheinlich eine gute Chance zu einer eigenständigen und vielleicht auch demokratischen Entwicklung gehabt.

Aber auch innerhalb der ehemaligen Antikriegsbewegung ist die Diskussion um Vietnam nie ganz erloschen; sie ist in den USA vor allem in Verbindung mit der Revolution in Nicaragua wieder aktuell geworden. Welche Lehren hat man angesichts der Massenflucht der »Boat people« daraus gezogen? Und wie hat man auf der sogenannten Linken den Vorwurf der Einäugigkeit – zum Beispiel auch gegenüber Afghanistan – verarbeitet? Solche Fragen werden beispielsweise in dem kritischen Monatsmagazin *Mother Jones* immer wieder aufgeworfen, und spätestens seit Vietnam scheiden sich daran die Geister. Der Riß geht mitten durch die alte Protestgeneration, auch in unserem Lande, wie die Auseinandersetzungen um das Rettungsschiff »Cap Anamur« 1979/80 gezeigt haben.[1]

1 R. Neudeck (Hrsg.): Wie helfen wir Asien? oder »Ein Schiff für Vietnam« Rowohlt: Reinbek 1980

Zur Vorgeschichte meiner Reise

»Vietnam nach Vietnam – Probleme des Friedens« – unter diesem Titel veröffentlichte der Westdeutsche Rundfunk in einer Neunzig-Minuten-Sendung dann 1969 die Ergebnisse der Umfrage: Wie sehen junge Vietnamesen ihre Zukunft? Dieser Bericht, der in gekürzter Fassung auch in anderen Sendern Beachtung fand und in den *Frankfurter Heften* (1 und 2 / 1970) nachgedruckt wurde, gehört zusammen mit früheren Hintergrundberichten zum Krieg in Vietnam zur Vorgeschichte meiner Reise.

Nach dem Ende des Kriegs 1975 ging es in Vietnam begreiflicherweise zunächst ums Überleben in einem verwüsteten Land. Nur wenige Journalisten und Parteigänger des neuen Regimes durften das Land besuchen. Ab 1977 versuchte ich dann mit Hilfe eines Bundesgenossen aus den frühen Tagen der Antikriegsbewegung, dem politischen Redakteur beim WDR, Ansgar Skriver, eine Einreisegenehmigung für einen Besuch des Landes zu erhalten; gedacht war an einen möglichst mehrwöchigen Forschungs- und Recherchenaufenthalt. In einer größeren Sendung wollte der WDR nun über die »Probleme des Friedens« und den Wiederaufbau des zerstörten Landes – gewissermaßen als Fortsetzung seiner Vietnam-Berichterstattung – seine Hörer weiter informieren. Der Pressesprecher der neuen Botschaft der Demokratischen Republik Vietnam in Bad Godesberg zeigte zwar viel Verständnis für dieses Projekt, konnte aber glaubhaft versichern, daß Unterbringungsmöglichkeiten und Transportverhältnisse aufgrund von Kriegsfolgen und Naturkatastrophen dafür noch immer einfach überfordert seien.

Anfang 1979, endlich, zeichnete sich zum ersten Mal die Chance für einen Besuch ab, wenn auch unter reduzierten Bedingungen. Der Grenzkonflikt mit China und das damit verbundene Bedürfnis nach mehr anteilnehmender Öffentlichkeit mögen für diese veränderte Haltung eine Rolle gespielt haben. (Später, in Hanoi, erfuhr ich dann, wie sehr man daran interessiert war, unabhängige Berichterstatter ins Grenzgebiet von

Lang Son zu schicken.) Was zu diesem Zeitpunkt ebenfalls meine Chancen positiv beeinflußt haben könnte, war meine Rolle als Einzelgänger. Ich war nicht Mitglied irgendeiner Delegation oder eines Solidaritätskomitees, auch war meine Reise nicht mit Kameramann und großem Apparat im Team geplant. Das hat zum Beispiel meine Unterbringung (die in Hanoi auch stets improvisiert geblieben ist) erleichtert, andererseits allerdings auch meine Einordnung und Kontrolle erschwert. Man stellte mir also tatsächlich Anfang 1979 in der Botschaft in Aussicht, daß ich – nach meiner Rückkehr von Reisen in den Südpazifik – in Bangkok eine Einreisegenehmigung erhalten würde. Das klang ziemlich unwahrscheinlich und wurde doch Wirklichkeit – allerdings nun unter Bedingungen, die ich mir so kaum wünschen konnte: Ich erhielt mein Visum auf dem Höhepunkt der Massenflucht der Boat people.

Immerhin, rückblickend muß diese Zusage doch als Bereitschaft zu größerer Öffentlichkeit und vielleicht auch zum Risiko gewürdigt werden. Schließlich kannte man meine Publikationen und konnte mich nicht als einen ideologisch gefestigten Parteigänger des Regimes in Hanoi betrachten. Meine Berichte über diese Reise müssen also im Zusammenhang mit diesen besonderen Umständen gesehen werden, und sie stellen auch insofern eine Besonderheit dar, als 1979 kein anderer Rundfunk- oder Fernsehjournalist aus der Bundesrepublik ein Visum erhalten hatte. Meine Reise nach Vietnam wurde möglich durch eine Organisation, die sich nicht primär mit Journalistenbetreuung, sondern mit kulturellen Beziehungen zum Ausland befaßt.

So wurden mir bei der Planung zwar teilweise auch die üblichen Programme – zu denen zum Beispiel unter anderem der Besuch der »Prostituiertenschule« in Saigon gehört – angeboten, ich hatte aber etwas mehr Spielraum und fand wohl auch mehr Verständnis für eigene Wünsche und Interessen, die sich besonders auf Minderheitenpolitik und Frauenfragen konzentrierten.

Da ich allein gereist bin, während meines Aufenthalts in Hanoi und Saigon also keinen Austausch mit Kollegen hatte, war es mir vielleicht auch öfter möglich, auf eigene Faust unterwegs zu sein, immer dann, wenn die mich bewachenden Kader gewissermaßen »Feierabend« hatten. In den Straßen und Geschäften Hanois, in Ausstellungen, im Park und im Theater oder im großen GUM-ähnlichen Warenhaus der Hauptstadt erlebte ich ein

Alltagsvietnam, wie es zu jener Zeit für Reisegruppen oder Fernsehteams ziemlich verschlossen war. (Ob man mich auch dabei ständig unter Kontrolle hatte, weiß ich natürlich nicht.) Für mich gehören diese inoffiziellen Ausflüge sicher zu den schönsten Erfahrungen meiner Reise. Sie haben mir ein Gefühl der Zuneigung für die Menschen und eine Anteilnahme für ihre Lebensprobleme vermittelt, die kein noch so ausgeklügeltes Programm hätte bewirken können. Einige der Fotos, die als Schnappschüsse dabei entstanden sind, geben von dieser Stimmung vielleicht ein wenig wieder: Nach all den kämpferischen Bildern und den Kriegsfotos, die wir meist vor Augen haben, wenn wir an Vietnam denken, waren diese Eindrücke vom friedlichen Alltagsleben der Menschen in Hanoi für mich nicht nur ein unvergeßliches Erlebnis, sondern auch eine Herausforderung, ihre Probleme nicht aus den Augen zu verlieren. Aus diesem Grund habe ich auch vor allem spontane Tagebuchaufzeichnungen in diesen Band mit aufgenommen.

Vietnam heute

Was hat sich seit meinem Besuch in Vietnam 1979 verändert? Die Grundprobleme des Landes sind die gleichen geblieben; noch immer krankt es an den Wunden des dreißigjährigen Kriegs. In vielen Lebensbereichen haben sich die Probleme eher noch verschärft. Die Hoffnung, daß sich das Land nach dem Ende des Kriegs nun mit allen Kräften dem friedlichen Wiederaufbau verschreiben würde, hat sich nicht erfüllt. Zehn Jahre nach dem Sieg über die Interventionstruppen einer Weltmacht stehen die Soldaten Vietnams ihrerseits nun als Besatzer im Nachbarland Kambodscha und kontrollieren Laos. Über eine halbe Million Vietnamesen haben resigniert oder verzweifelt ihr Heimatland als Flüchtlinge verlassen, darunter viele junge Leute und unersetzliche Fachkräfte und keineswegs nur, wie es von der Regierung in Hanoi und ihren Parteigängern gern hervorgehoben wird, reiche Händler und Kollaborateure. Im Norden zum Beispiel waren die Hoa oder ethnischen Chinesen immer in großer Zahl im Bergbau oder im Hafen beschäftigt gewesen.

Die außenpolitische Isolation Vietnams und seine wirtschaftliche und militärische Abhängigkeit von der Sowjetunion dauern an. Die Grenzkonflikte mit China, dem ehemaligen »sozialistischen Hinterland der Front«, sind nach wie vor ungelöst. China ist wieder der alte Erbfeind geworden, der Nationalitätenprobleme zum Vorwand für »Strafexpeditionen« nutzt; längst haben die Chinesen wieder die »amerikanischen Imperialisten« als Bedrohung ersetzt. Eine ganze Generation junger Vietnamesen befindet sich also wieder – oder noch immer – im Krieg. Mit eineinhalb Millionen Mann hat Vietnam heute doppelt so viele Menschen unter Waffen wie zur Zeit des Krieges mit den USA und besitzt eine der stärksten Armeen der Welt. Gleichzeitig gehört Vietnam zu den sechs ärmsten Entwicklungsländern überhaupt, obwohl es über reiche Bodenschätze und fruchtbares Land verfügt. Woran also liegt es, daß es dem Land so schlecht geht?

Keine Frage, daß die oft beschworene Korruption dazu beiträgt; daß der auch von Freunden des Landes immer wieder beklagte Schlendrian und die Gleichgültigkeit von Funktionären dafür verantwortlich zu machen sind. Aber man darf auch nicht vergessen, wo die tieferen Ursachen der Misere zu suchen sind: Kolonialzeit und Krieg haben nicht nur das Land, sondern auch eine uralte menschliche Kultur bis in die Wurzeln verwüstet. Die Militarisierung des Lebens hat schöpferische Kräfte verzehrt und verschlissen. Eine große Müdigkeit, ein Mangel an Zuversicht und Vertrauen sind die nur allzu verständlichen Reaktionen der Menschen auf einen mörderischen Lebensalltag ohne Zukunftsperspektive.

1985, zum zehnten Jahrestag der Befreiung, also der Niederlage der USA in Vietnam, stellt die amerikanische Zeitschrift *Newsweek* fest, daß es nach über dreißig Jahren Indochinakrieg keine Gewinner gegeben habe: 4,6 Millionen Tote, 5,5 Millionen Verkrüppelte und Verwundete, 13 Millionen Heimatlose und Entwurzelte – das sei die Bilanz; 1,9 Millionen Menschen seien allein während des amerikanischen Engagements in Vietnam getötet worden, weitere 4,5 Millionen verwundet; 9 Millionen wurden zu Flüchtlingen. Auf der schwarzen Gedenkmauer der Toten des Vietnamkriegs in Washington sind die Namen von 58022 Amerikanern eingeschrieben, von denen die Zeitschrift sagt, sie hätten »ihr Leben in einem sinnlosen Krieg verloren«. Dieser Krieg sei »eine menschliche Tragödie von unvorstellbaren Ausmaßen«.

Für ein so kleines, dichtbesiedeltes Land wie Vietnam kommt die Zerstörung der Reisfelder durch Bombenkrater und die Vernichtung seiner Wälder durch das dioxinhaltige »Agent Orange« hinzu, für die es bisher offenbar noch keine Rettung gibt.

Die von den USA bei den Pariser Verhandlungen 1973 versprochenen Aufbau- und Entwicklungshilfen wurden Vietnam bisher verweigert, weil es angeblich noch immer vermißte Gefangene in geheimen Lagern festhalte. (Der grassierende Kult um Superman Rambo läßt wenig Hoffnung aufkommen, daß sich diese Frage noch nüchtern klären läßt.) Die Invasion Kambodschas ist – auch für die Bundesrepublik Deutschland – ein weiterer Grund für die Verweigerung jeglicher Entwicklungshilfe an das kriegszerstörte Land. Unter den westlichen Ländern haben nur Schweden und Dänemark Entwicklungsprojekte unbekümmert um politische Parteinahmen gefördert. Mit den Ländern des COMECON zusammen verhindern sie zur Zeit den sonst wohl unvermeidlichen Kollaps der Wirtschaft Vietnams. Es fehlt an Erfahrungen im Umgang mit dem Frieden in einem so verwundeten Land. Auch wird nur allzu gern verdrängt und vergessen, daß Tausende an fähigen Kräften fehlen, weil sie im Süden Vietnams Mordopfer des amerikanischen »Phoenix-Programms« der CIA geworden sind; eine potentiell eigenständige Führungsgruppe wurde also auch deshalb vielfach durch völlig unerfahrene nordvietnamesische »Kader« ersetzt, die heute im Süden überall als Besatzer erlebt werden.

So ist es kein Wunder, daß es gewissermaßen zwei verschiedene Ebenen des Lebens in Vietnam gibt: die militärische, auf der alles noch immer einigermaßen funktioniert, weil das Land dreißig Jahre im Krieg leben mußte, und die zivile Ebene. Dabei gibt es für den friedlichen Aufbau des Landes in der vietnamesischen Geschichte große Vorbilder wie den Friedenskaiser Ho, der im 14. Jahrhundert das Land nach langen Kriegsjahren zu entwickeln verstand.

In der Gegenwart fehlt es offenbar an entsprechender Phantasie und Erfahrung. Um so mehr muß man es bedauern, daß so viele vorzüglich ausgebildete Vietnamesen 1975 nicht aus dem Ausland (Frankreich und der Bundesrepublik zum Beispiel) in ihre Heimat zurückkehren durften, um beim Wiederaufbau mitzuwirken, darunter besonders viele Techniker und Naturwissenschaftler, die von einer solchen Aufgabe geträumt hatten. Eine unglückselige Verquickung von totalem Sicherheitsdenken und Bürokratie lähmt allenthalben jeden Ansatz von Neubeginn und Entwicklung.

Kaum begonnen, werden Experimente schon wieder ängstlich zurückgepfiffen – wie die jüngste Reform eines Lohn- und Preissystems und eine Lockerung der Kollektivierungsprogramme, die einen gewissen Fortschritt in der Versorgung der Bevölkerung gebracht hatten. Die Versorgung der Bevölkerung mit Grundnahrungsmitteln ist zwar 1986 nach einer Mitteilung der Parteizeitung Nhan Dan – im Gegensatz zu den sogenannten schwarzen Jahren 1976–80 – aus eigener Landwirtschaft gesichert. Aber die Reformen hätten, so heißt es dort, »durch die privaten Betriebe Unordnung in der Wirtschaft« geschaffen und »dem Staat eine Menge Probleme« verursacht. Von daher sind nun wieder verstärkte Forderungen nach einer Beseitigung des privaten Lebensmittelhandels in der Partei laut geworden; man beanstandet, daß die Umwandlung von privaten Betrieben und »die Bestrafung von Händlern und Spekulanten« bisher nicht effektiv genug gewesen sei. Der Staat müsse wieder das Monopol auf dem Gebiet des Lebensmittelhandels übernehmen, um etwas gegen Inflation und Preissteigerungen tun zu können.

Andere Berichte besagen, daß die Getreideproduktion pro Kopf der Bevölkerung 1985 geringer gewesen sei als 1975, und diese habe schon unter dem Niveau von 1965 gelegen. (Aber genaue Statistiken fehlen naturgemäß unter solch prekären Bedingungen.) Auf dem Konsumsektor sieht es eher noch trostloser aus. Es fehlt im Alltag an allem, jedenfalls in den staatlichen Läden. Auf dem schwarzen Markt von Saigon/Ho Tschi Minh-Stadt allerdings herrscht kein Mangel an Nachschub; westliche Güter aller Art kommen auf Umwegen aus Thailand oder zunehmend wohl auch über die Geschenksendungen von Angehörigen aus den USA oder Frankreich auf den Markt. Verheerend scheint es um die Versorgung von Krankenhäusern bestellt zu sein. Es fehlt an Medikamenten, Geräten, selbst an Verbänden und Betten, wie Journalisten aus allen Teilen des Landes immer wieder berichten. Auch im Bericht des Bundestagsausschusses für humanitäre Hilfe 1981 wird von einem erschrekkenden Mangel auf diesem Gebiet gesprochen und dringend Hilfe empfohlen. Misereor hat 1985 geholfen, im Norden Vietnams ein neues Krankenhaus aufzubauen und wird auch die weitere Versorgung mit Medikamenten und Ausrüstung unterstützen. Die Hilfsaktion Vietnam, die seit über einem Jahrzehnt konkrete Projekte fördert und finanziert, hat zum Beispiel mit einer Nähnadelfabrik einen wichtigen Beitrag zur Alltagsversorgung der Bevölkerung geleistet. Angesichts der katastrophalen Mangelsituation in allen Lebensbereichen mag man solche Hilfe für den berühmten Tropfen auf dem heißen Stein halten, für die betroffenen Menschen jedoch ist sie nicht nur von praktischer Bedeutung, sondern oft auch ein Lichtblick, ein Zeichen von Solidarität oder Mitgefühl. In der Öffentlichkeit der Bundesrepublik findet solche Hilfe nur wenig Aufmerksamkeit; für die Medien ist sie nicht spektakulär genug. Das gleiche gilt für die Arbeit von Menschenrechtsgruppen wie Terre des Hommes oder Amnesty International, die sich zäh und geduldig für verwaiste Kinder und verschleppte Gefangene einsetzen.

Gibt es Hoffnungen für das geschundene Land? Ein vietnamesischer Freund, befragt, wie er die künftige Entwicklung in seinem Heimatland sieht, setzt vor allem auf einen Generationenwechsel in der Führung. Die alte Garde, die heute – einzigartig in der Geschichte – seit nunmehr vierzig Jahren fast in der gleichen Zusammensetzung wie damals die Geschicke dieses geplagten Volkes leitet, ist inzwischen siebzig, achtzig Jahre alt. Sie ist geprägt vom Kampf um die nationale Unabhängigkeit ihres Landes. Das Vokabular des Patriotismus – Stolz, Ehre, Vaterland, Nation – bestimmt ihr Denken und Handeln eher als eine fortschrittliche Friedenspolitik. Von diesen Führern sei ein Wandel kaum zu erwarten. Er setzt auf die jüngere Generation, auf einen geduldigen Prozeß der Veränderung, der nicht von außen kommen dürfe und sich aus der Lebenssituation des Landes heraus entwickeln müsse, ähnlich wie in Ungarn vielleicht. In den Buddhisten sieht er zur Zeit die einzige Gruppe, die überhaupt noch mit der gegenwärtigen Regierung zusammenarbeiten könne. Alle anderen – die Katholiken, Cao Dai, Taoisten, Konfuzianisten – seien so unbarmherzig zu Feinden erklärt worden, daß man sie sich für eine solche Politik kaum noch als Bundesgenossen vorstellen könne.

Gibt es Silberstreifen am Horizont? Ein Frieden in Kambodscha wäre wohl die wichtigste Voraussetzung für bessere Beziehungen Vietnams zu seinen Nachbarn – den ASEAN = Staaten – und zur westlichen Welt. Es gibt Anzeichen – immerhin –, daß sich hinter den Kulissen vielleicht doch eine politische Verhandlungslösung anbahnt, daß ein Ausweg aus dieser Sackgasse in Sicht kommt, der von den Großmächten allerdings garantiert werden müßte. Die Rückkehr der noch in Thailand lebenden Indochinaflüchtlinge wurde in diesem Zusammenhang bereits diskutiert.

Menschenrechte oder Parteilichkeit?

Über zehn Jahre nach Kriegsende gibt es nach Berichten von Amnesty International noch immer Tausende von politischen Gefangenen ohne Anklage in den Lagern, darunter einen über siebzig Jahre alten Mann, der einmal Minister war und den man noch immer »umerziehen« will. Auch PEN verfügt über eine lange Liste von Schriftstellern und Journalisten, die vom neuen Regime eingesperrt wurden. Politische Prozesse gegen buddhistische Mönche oder Lehrer werden nun häufig durch andere Unterdrückungsmaßnahmen ersetzt oder durch Schikanen vermieden; so gibt es zum Beispiel einfach kein Papier für ihre Schriften.

Vietnam und kein Ende? Heute leben Tausende von Vietnamesen in westlichen Ländern, etwa sechshunderttausend in den USA, wo sie in der Bay Area und San Francisco inzwischen eigene Stadtteile bilden, aber auch in Frankreich und bei uns in der Bundesrepublik. Von den Vietnamesen, die Ende der sechziger Jahre an deutschen Hochschulen studierten und die ich nach ihren Zukunftsvorstellungen befragt hatte, ist eine große Gruppe immer noch hier; viele durften nicht in ihr Land zurückkehren, um – wie sie dies wollten – am Aufbau mitzuwirken. Sie sind heute fast vierzig, verdienen ihr Brot als Wissenschaftler, als Mathematiker oder Ärzte; einige von ihnen sind arbeitslos. Sie haben Familie, ihre Kinder besuchen deutsche Schulen und sprechen im Alltag deutsch. Für sie alle ist die Bundesrepublik zwangsläufig und auf Dauer – vielleicht aber auch nur auf Widerruf? – eine Art Heimat, in der sie zumeist fremd geblieben sind, obwohl sie, wie es scheint, hier ganz »normal« und »integriert« leben. Ihre persönliche Lebensgeschichte bleibt mit der Geschichte Vietnams schmerzhaft verbunden. (Aus diesem Grund habe ich die Namen vietnamesischer Kollegen, mit denen ich damals zusammengearbeitet habe, nicht genannt, und ich bitte den Leser um Verständnis dafür.)

Eine völlig andere Gruppe bilden die neuen Flüchtlinge, die

seit 1978 ins Land kamen, ebenfalls Opfer eines dreißigjährigen Kriegs. Sie gehören den verschiedensten Altersgruppen und Berufen an und begegnen mir beispielsweise im China-Restaurant als freundliche Bedienung, die immer an die Stäbchen für mich denkt, oder ich treffe sie nach einem Vortrag über Vietnam in der Volkshochschule in Hamm, wo sich zwei junge Männer, die mit ihrer Deutschlehrerin gekommen waren, zu Wort meldeten. Quoc, der eine von ihnen, spricht die Sprache schon sehr gut und berichtet lächelnd, daß ihn die »Cap Anamur« aus dem Meer gefischt habe. Er ist sehr jung und ein wacher Kopf, und er wird seinem Land sicher fehlen; aber er hat auch alle Chancen, sich eines Tages hier halbwegs zu Hause zu fühlen. (Es sei denn, das Klima der Ausländerfeindlichkeit erreicht nach den Türken auch die noch relativ privilegierten Fremden aus einem fernen asiatischen Land.)

In diesen Tagen (März 1986) wird ein neues Rettungsschiff ausgerüstet, die »Cap Anamur II«, und sie hat den beklemmenden Auftrag, noch weitere tausend Menschen aus dem Chinesischen Meer zu fischen. Natürlich muß man die Ertrinkenden retten, wenn dazu auch nur die geringste Chance besteht. Aber was geschieht mit den nächsten tausend Flüchtlingen, die in ihren zerbrechlichen Booten auf dem Meer treiben werden? Und was geschieht mit den Daheimgebliebenen, mit den Menschen, die in ihrem Land und an ihm leiden und die es doch nicht verlassen wollen oder können? Besteht nicht die Gefahr, daß wir uns zu leicht mit solchen Rettungsaktionen trösten, wo Hilfe zur Bekämpfung der Ursachen nottäte, ganz konkret zum Beispiel Entwicklungshilfe für das kriegszerstörte Land? Sollte man nicht endlich die von der Bundesregierung versprochenen (aber wegen der vietnamesischen Invasion in Kambodscha eingefrorenen) Mittel für Aufbauprojekte zur Verfügung stellen?

Zwischen 1979 und 1982 konnte die »Cap Anamur« 9507 Menschen das Leben retten. Doch was ist in diesen Jahren geschehen, um die Ursachen der Massenflucht beseitigen zu helfen?

Zur Objektivität meiner Berichte

Niemals zuvor in der Geschichte ist ein Krieg so unmittelbar durch die Medien mitentschieden worden: Der Dschungelkrieg im Wohnzimmer und die großen öffentlichen Demonstrationen der Kriegsgegner haben, wie man heute weiß, einen stärkeren Einfluß auf den Präsidenten und die Administration in Washington gehabt, als man damals hoffen konnte. Kein Wunder, daß die Diskussion über »faire« und »objektive« Berichterstattung noch immer die Gemüter erregt. An dieser Stelle möchte ich mich auf ein Beispiel beschränken und es dem Leser überlassen, sich ein Urteil darüber zu bilden, wie »objektiv« Berichterstattung überhaupt sein kann:

Kurz nach dem Ende des Kriegs steht der Besuch einer Schule für Prostituierte in Ho-Tschi-Minh-Stadt, dem ehemaligen Saigon, auf dem Programm dreier Berichterstatter. Es sind zwei Männer und eine Frau, ein erfahrener Frontjournalist und ehemaliger Fremdenlegionär, ein als Psychiater ausgebildeter Arzt und eine Ethnologin und Funkautorin. Sie haben, wenn man ihre Berichte liest, zweifellos den gleichen Ort besucht und die gleichen Informationen erhalten. Aber haben sie auch die gleichen Frauen gesehen? Über die gleichen Probleme gesprochen? Die gleichen Gesprächspartner beschrieben? Der Frontjournalist registriert den koketten Seitenblick der hübscheren unter den Mädchen. Der Arzt und Parteigänger des neuen Regimes mißtraut den Motiven der Nonne, die früher Leiterin dieses ehemals katholischen Waisenhauses war, und vermutet, sie sei auf resignierte Art neidisch auf die sinnliche Ausstrahlung ihrer Zöglinge. Die Berichterstatterin hingegen sieht Freundlichkeit in ihrem Gesicht und ist betroffen von den rötlichen Narben auf der Haut der Mädchen, von ihren venerischen Verwundungen und der Trostlosigkeit ihrer Lebensperspektiven.[1]

1 vgl. P. Scholl-Latour: Tod im Reisfeld. Stuttgart 1979, S. 232.
G. W. Alsheimer: Eine Reise nach Vietnam. Frankfurt 1979, S. 34.
R. v. Gizycki »Wir sind doch gleichberechtigt«. In: *Der Überblick* Zeitschrift für ökumenische Begegnung und internationale Zusammenarbeit, Hamburg 4/1979.

Nicht die Fakten also, sondern die Lebenshintergründe der Beobachter prägen das Bild, das sich die Berichterstatter von dem hier als Beispiel genannten Ort machen und das sie als »Augenzeugen« an die Daheimgebliebenen vermitteln.

Ich bin mir bewußt, daß ich nicht als unbeteiligter Chronist über Vietnam schreiben konnte. Ich bin nicht die Stimme im »off« oder der allwissende Erzähler. Meine Beobachtungen sind geprägt von den Erfahrungen meiner Lebensgeschichte, den Auseinandersetzungen mit der deutschen Vergangenheit, den Erfahrungen als Frau in verschiedenen Berufen und vor allem an der Universität, also von ganz persönlichen Fragen nach Herkunft und Weg.

Vietnam war für mich nicht die Illustration einer mehr oder minder ideologisch präformierten Analyse des Imperialismus. Der Versuch, mit dieser moralischen Herausforderung des Kriegs auch historisch und wissenschaftlich umzugehen, eine über meine persönliche Betroffenheit hinausgehende Klärung zu erarbeiten, folgte nach dem ersten Schock in einer Reihe von Jahren. Gespräche mit Freunden und Kollegen, Seminar-Diskussionen mit Studenten, vor allem die Begegnung mit Vietnamesen der unterschiedlichsten Gruppierungen und Konfessionen haben dazu beigetragen, mein Bild von Vietnam konkret und lebendig zu machen.

Die in diesem Band versammelte Auswahl meiner Arbeiten aus zwanzig Jahren spiegelt etwas von diesem Lernprozeß wider (der damit nicht abgeschlossen ist). Meine Einstellung zu Vietnam, dem Land und seinen Menschen, hat sich im Grunde nicht verändert: Es ist mir durch viele Begegnungen und lange Studienjahre ans Herz gewachsen. Es ist für mich zur vertrauten Fremde geworden, Inbegriff einer kulturellen Andersartigkeit, die mein Bild vom Menschen erweitert und bereichert hat, nicht nur Symbol der Widerstandskraft von Menschen gegenüber dem Größenwahn einer Militärmaschinerie. Es steht auch für die unglaubliche Leidensfähigkeit eines Volkes, an die wir uns nicht gewöhnen dürfen.

Reise nach Vietnam (1979)

Hanoi

»Können Sie morgen reisen? Die Hang Khong Viet Nam fliegt um zwölf Uhr dreißig nach Hanoi.«

Ich wußte nicht, ob ich mich freuen sollte, als mir Herr Dang in der vietnamesischen Botschaft in Bangkok meinen Paß mit dem eindrucksvollen roten Stempel, dem Schlüssel zum Land, zurückgab.

Es war alles so plötzlich gekommen. Über zwei Jahre hatte ich darauf gewartet. Als ich meinen Einreiseantrag stellte, wollte ich über den Wiederaufbau des zerstörten Landes berichten. Ich wollte wissen, was aus den Zukunftsvorstellungen vietnamesischer Studenten geworden war, die ich 1968 befragt hatte. Nun war wieder Krieg. Im Oktober 1979 hatten sich die Lage und das Bild Vietnams dramatisch verändert.

Am Tag meiner Abreise, am 12. Oktober, waren die Zeitungen in Bangkok voller Schreckensmeldungen über Flüchtlinge aus Kambodscha; Vietnam wurde beschuldigt, für die Hungersnot im Nachbarland verantwortlich zu sein; Joan Baez erschien auf der asiatischen Bühne, um gegen den »Holocaust in Indochina« ihre Stimme zu erheben.

Die ehemalige Antikriegsbewegung, der ich mich zugehörig fühle, ist gespalten. Peter Weiss, einer ihrer alten Vorkämpfer, stellt sich auch heute – ungeachtet der veränderten Verhältnisse – »solidarisch« auf die Seite der Regierung von Hanoi. Betroffen vom Elend der Bootsflüchtlinge haben sich andere um die humanitäre Aktion »Ein Schiff für Vietnam« gesammelt. Die Frage nach der Glaubwürdigkeit der eigenen Position ist inzwischen für alle Angehörigen der Protestgeneration zur Herausforderung des Gewissens geworden: Menschenrechte und Parteilichkeit – läßt sich das vereinen? Aber auch die doppelte Moral ist zum Thema geworden: Viele, allzu viele, die nie ein Wort gegen die Umsiedlungsaktionen, die »Flüchtlingsproduktion« und die Bomben der Amerikaner gesagt hatten, entdecken nun plötzlich ihr Herz für die Vietnamesen.

Ich sehe mich (das ist mein Versuch, konsequent und »loyal«

zu sein) auf der Seite der Unterdrückten und Verfolgten, damals wie heute. Meine Sympathie gilt dem Volk von Vietnam, das in dreißig Jahren Krieg so viel gelitten hat, nicht dem Regime.

Flugnotizen

Mit einer halben Stunde Verspätung geht die Maschine auf die Startbahn, eine dicke, ältlich graue Iljuschin mit vier Propellern, die nacheinander angeworfen werden – deutlich ein Stiefkind unter den westlichen Glitzervögeln. Wir sitzen auf abgewetzten Polstern, ohne Ventilation in der Mittagshitze am Rande des Rollfelds, schwitzen und fächeln uns mit Palmblattfächern Luft zu. Alle Vorurteile gegenüber der Schwerfälligkeit, dem Nichtfunktionieren, den Mängeln »sozialistischer Systeme« werden wachgerufen. Zum ersten Mal auf meiner Reise um den halben Erdball werden mir keine Sicherheitsvorkehrungen für den Notfall demonstriert.

Mehrere Schweden mit ihren Frauen und Kindern und großen Fleischpaketen im Reisegepäck, vermutlich Entwicklungshelfer, die (unbeirrt von der Weltmeinung) mit ihrer Papierfabrik zu Vietnam halten; ein wohlgenährter Beamter der Welternährungsbehörde FAO; ein asiatischer Geschäftsmann (vermutlich Japaner); ein Farbiger aus der Dritten Welt, der in guter Stimmung sein »Carlsberg« trinkt; eine Anzahl von ernsten Vietnamesen, sicher höhere Funktionäre; ein Diplomat aus Frankreich mit versiegeltem Diplomatensack – das sind meine Reisegenossen. Bis auf die Sowjetrussen, die hier nur indirekt, durch materielle Grundlagen und kyrillische Aufschriften, vielleicht aber auch im Cockpit anwesend sind, spiegelt sich die internationale Lage Hanois in diesem Flugzeug und seiner Besetzung wider. Auch seine Isolation.

Aber das schöne vietnamesische Mädchen, das uns lächelnd feuchte Gesichtslappen bringt, lindert mein Unbehagen, läßt mich freier atmen und voll gespannter Erwartung an mein Reiseziel denken.

Dunst über Thailand. Laos jetzt, unterm Flügel wird eine Flußschleife sichtbar. Wälder, Wolkenbüschel. Erinnerung an die US-Bomber, die hier mehr Bomben fallen ließen als im Zweiten Weltkrieg über Deutschland. (Wer weiß das schon.) Ho-Tschi-

Minh-Pfad. Ebene der Tonkrüge. Dien Bien Phu. Der Untergang der Bergstämme. Ein trauriges Land.

Steile Urwaldhänge, scharfe Grate, grau-grün... »Fasten Seat Belts«; hinter ein paar dunkel-bizarren, kahlen Bergkuppen beginnt dann, knapp zwanzig Minuten vor Hanoi die große Flußebene. Der Rote Fluß ist rot. Immer mehr Dörfer, Hügel, Wege, Büsche erscheinen unter dem Propeller der Iljuschin, grün und lebendig.

Warum kann es nicht endlich Frieden geben in diesem Land? Wir sind langsam heruntergegangen. Unversehens setzt die Maschine dann auf, ziemlich sanft, ohne viel Getöse. Wir sind da! Und noch weit von der Hauptstadt entfernt...

Niemand, so scheint es, erwartet mich auf dem Flugplatz (wie fremd man sich fühlen kann, erfahre ich hier neu). Dann aber kommen sie doch noch an, meine ständigen Begleiter: Ngoc der Dolmetscher; Khanh der Protokoll-, Dung, der Kulturkader und der junge Fahrer Bao (mit seinem offenen Lachen ein Lichtblick an vielen Tagen).

Fahrt nach Hanoi

In wildem Tempo und mit ungeniertem Gehupe steuert Bao den schwarzen Wolga an den Lastwagenkolonnen und Radfahrern vorbei – oft um Haaresbreite genau. Die Landschaft draußen, im späten Nachmittagslicht, ist wie ein Traum von Vietnam: die Reisfelder kurz vor der Winterernte; die schimmernden geraden Kanäle; Lehmhütten und Gehöfte; Ziegeleien. Ich sehe die ersten grau-glänzenden Wasserbüffel am Wegrand oder sich im Wasser spiegelnd.

Um diese Stunde, gegen halb fünf, sind viele Menschen unterwegs und noch immer bei der Arbeit in ihren charakteristischen dunklen Hosen, hellen Jacken, Reisstrohhüten; vor mir auf einem Lastwagen junge Männer mit Tropenhelmen. Es fällt schwer, an Krieg zu denken; und doch ist dies keine friedliche Idylle, sondern stets bedrohte Arbeitswelt.

Ein vollbesetzter Personenzug auf dem Weg Richtung Lang Son blockiert unsere Straße: (150 Kilometer bis zur chinesischen Grenze). Gedränge. Im Verkehrsstau vor der Brücke werden einzelne Menschen erkennbar, eine alte Frau, der ihre Leidensgeschichte im Gesicht geschrieben steht. Die improvisierten Brücken über die Flüsse des Deltas, schließlich über den

Roten Fluß, der breit und träge und mit vielen Wirbeln daherkommt, ziemlich flach zwischen den roten Betten aus Erde auf beiden Seiten und den roten Bänken, die er mittendrin freiläßt. Nur im Schritt passieren wir diesen wichtigen Engpass.

Bao freut sich mit mir an der Sonne, die wie eine Orange hinter Bananenstauden steht; mit einer Handbewegung und einigen englischen Worten macht er mich darauf aufmerksam. Inzwischen beantworte ich ebenso viele Fragen zur Bundesrepublik wie die vier Herren mir über Vietnam. Herr Dung wüßte gern mehr über die Musikszene, die Oper vor allem. Herr Ngoc will wissen, ob es stimmt, daß Frauen in der Bundesrepublik nicht auf den Feldern arbeiten müssen. Alle kennen und schätzen sie deutschen Fußball und deutsche Autos – vom Hörensagen oder Fernsehen (Mercedes ist Trumpf!) – und natürlich die DKP mit ihrer Parole »Hände weg von Vietnam« (allerdings ohne Kenntnis ihres Stellenwerts in der Gesellschaft der Bundesrepublik). »Wir haben nicht nur den Aufbau zu leisten, sondern müssen uns auch gegen unsere Feinde zur Wehr setzen«, sagt Herr Khanh und meint China; man teile »auch den Mangel mit den Brüdern in Kampuchea, Nahrungsmittel und Reis«.

Von mir erwarten sie nun, daß ich ihre Situation besser verstehe als die internationale Öffentlichkeit, die sie ihrer Meinung nach verzerrt und unwahr darstellt. Natürlich, ich komme mit offenen Augen und Ohren. Aber wie soll ich den Einmarsch und die Besetzung im Nachbarland »verstehen«? »Nichts ist kostbarer als Unabhängigkeit und Freiheit«, heißt die oft zitierte Parole Ho Tschi Minhs. Befreiung und Wiedervereinigung sind nun in Vietnam erreicht; waren sie nur der Beginn einer neuen Großmachtpolitik?

»Kulturschock«

Für drei Tage im Gästehaus der Regierung; alle Hotels sind besetzt. Ich bin sehr fremd hier, offenbar einziger westlicher Gast auf der leeren Etage, Tang 3, in einem riesigen, hellgrün getünchten Raum mit Steinfußboden, Moskitonetz überm Bett, dröhnender Klimaanlage und seltsam entfernter Beleuchtung. Die weiße Stickereidecke unter meiner Schreibtischplatte, ein Zeugnis weiblicher Kunstfertigkeit und Phantasie, stellt mir Fragen; ihr Muster – vernetzte Quadrate und Rechtecke, in denen Eisblumenformen und stilisierte Blätter eingerahmt sind –

ist übersichtlich und rätselhaft zugleich; altmodisch vertraut auf den ersten Blick, dann aber doch auf eigentümliche Art anders, asiatisch... »Der kulturelle Unterschied ist am schwersten zu definieren und zu überwinden«, sagt Susan Sontag, die mit ihrem Buch über Vietnam an diesem ersten Abend in Hanoi mein einziger Gesprächspartner ist. Nein, nicht ganz: Frau Hoa kommt mit grünem Tee zu mir, und ich lerne, wie man auf Vietnamesisch »Danke« sagt: »CAM ON« – ungeheuer schwierig, die richtige Tonhöhe zu finden.

Anmerkungen zum Programm

Ich bin nicht Gast der Regierung, aber vermittelt durch ein offizielles Programm. Nur in diesem Rahmen habe ich meine Reise machen können.

Mein Konzept wird durch die politischen Umstände beschnitten: Ich kann nicht erwarten, daß ich über die Situation der Bergstämme im Grenzgebiet zu China (die Meos vor allem) neue Informationen erhalte, irgendwelche »geheimen Daten« (und die offiziellen Darstellungen kenne ich schon). Besuche bei der Frauen-Union, in einer landwirtschaftlichen Genossenschaft, in Kindergarten und Universität, Museen und Pagoden, auf Baustelle und Staatsfarm stehen auf dem Programm, auf das ich begrenzt Einfluß hatte. Gespräche mit Schriftstellerinnen und einigen Politikern, darunter der stellvertretende Außenminister Hoan Bich Son, werden mir ebenfalls durch das Komitee für kulturelle Beziehungen mit dem Ausland vermittelt; es ist offensichtlich sehr bemüht, die verschlossenen Türen einen Spalt zu öffnen. Daß man mir als einziger Journalistin aus der Bundesrepublik nun (1979) ein Visum gegeben hat, ist immerhin ein Anfang, hoffentlich...

13. Oktober: erste Eindrücke

Ich mache meinen ersten Spaziergang, allein in Hanoi; gegen fünf Uhr wandere ich am Ufer des kleinen Sees entlang, der mitten in der Stadt liegt und Hoan Kiem heißt; mitten im See, auf einer kleinen Insel, die man über eine geschwungene Holzbrücke erreicht, liegt der Jadehügeltempel, Ngoc Son. Hier, so sagt die Legende, soll der König Le Loi nach einem Sieg über feindliche Angreifer sein Schwert an die Schildkrötengottheit zurückgegeben haben. Der Turm der Schildkröte, Symbol der Weisheit, ragt – auf einer noch kleineren Insel – wie ein Fels aus dem Wasser. Ein intensiver, unbekannter Geruch wie Tee oder Weihrauch oder süßliche Seife liegt in der sommerlich warmen Luft, und auch der Lärm, der von der Straße herüberdringt, hat eine fremde Qualität durch das laute Gehupe einzelner Autos mitten im Fahrradstrom.

Um diese Stunde begegnen mir viele Menschen; ein Greis mit dünnem Kinnbart und einem Buch unter dem Arm könnte »Onkel Ho« sein – der jedoch blickt, jugendlich und im Riesenformat, von einem Plakat auf dem Dach der Nationalbank, ein vietnamesisches Gütezeichen. Die Kinder faszinieren mich; an ihren fragenden, staunenden Augen merke ich, daß ich wirklich hier bin, nicht in einem Film über Vietnam. Und immer wieder Kinder, die fischen, mit der Zwille nach Vögeln zielen, am Bordstein Kreisel laufen lassen; ein kleiner Junge mit selbstgebasteltem Köcher verfolgt Libellen und Schmetterlinge. Der Müggelsee fällt mir ein, die Krumme Lanke...

»Dosvidanja!« Eine junge Frau, stadtfein mit einer bunten Bluse bekleidet, spricht mich an. Ich kann kein Russisch; sie versteht meine serbo-kroatischen Wörter nicht. Mit Gesten und Blicken tauschen wir Freundlichkeiten aus und gehen ein Stück gemeinsam bis zum kleinen Seepavillon, wo sich unsere Wege trennen und ihr Kind für seine Geduld mit einem wäßriggrünen Eis am Stil belohnt wird.

Sonntagmorgen – Suche nach der Kathedrale

Ich wollte, obwohl ich keine Katholikin bin, heute früh zur Messe gehen. Bei der Programmberatung gestern hatten meine Begleiter diesen Vorschlag gemacht, wohl um mir das Gefühl zu geben, daß ich hier alles sehen könne, und sie zeigten mir bei der ersten Rundfahrt durch die Stadt die Kathedrale. Ich dankte höflich für ihr Angebot, mich am nächsten Tag dorthin zu fahren, und machte mich gegen sechs Uhr selbst auf den Weg.

Die Stadt ist schon voller Leben, und der Morgen unterscheidet sich kaum vom Abend zuvor. Vor dem Gästehaus spielt ein junges Paar Federball. Ein junger Mann fährt seine alte Mutter in einer Art Rikscha vorbei. Onkel Ho grüßt vom Dach der

Nationalbank. Die Sonne steht wie eine Orange im Morgendunst. Die unermüdlichen Radfahrer sind unterwegs. Frauen mit großen, flachen Körben, gefüllt mit spinatähnlichem Gemüse und Zwiebeln, überqueren laufenden Schritts die Straße. Am See zwei Männer beim Schattenboxen, elegante tänzerische Bewegungen. Einer von ihnen hat in jeder Hand eine Art Holzschwert. Ein Soldat sitzt – noch immer oder schon wieder? – mit seinem Mädchen auf einer Parkbank, das gemeinsame Fahrrad, wie bei uns das Auto, vor sich geparkt.

Die Menschen schauen mich neugierig freundlich an oder registrieren mich nicht, sind gleichmütig mit sich selber beschäftigt. Das ist vielleicht der erstaunlichste Unterschied zwischen ihnen. Neugierde, Staunen, Fragen – oder: sich in sich verschließen. Gleichgültigkeit oder Gleichmut? Unerschütterlichkeit? Schwer zu sagen. Die erste Haltung ist unmittelbar verständlich; die letzte wird es eher, wenn man sich vergegenwärtigt, was diese Menschen hier in so vielen Jahren Krieg erlitten haben mögen!

Mädchen in frischgewaschenen Blusen gehen Hand in Hand an mir vorbei, lächeln mich an, schauen mir nach. Ich gehe am See entlang, vorbei am grünen Strandpavillon, in dem eine zierliche Frau, auf einem Stuhl stehend, den Ventilator putzt. Ein paar blaurote Seerosen leuchten im Frühlicht zwischen saftig grünen tellerartigen Blättern.

Auf der Suche nach der Kathedrale, die ich gestern noch so sicher zu finden meinte, verirre ich mich in den Straßen, die vom See wegführen; das vermeintliche Chorsingen erweist sich als Radiomusik, womöglich ein Aufbaulied, das den »Sozialismus« preist. Die Helden und Heldinnen, die mit Fahnen und geballten Fäusten von ihrer Bildwand herab zur Steigerung der Produktion und zur Verteidigung des Vaterlandes aufrufen und weithin sichtbar sind, scheinen in gewisser Weise die neuen Heiligen zu sein; und sie haben, wie die alten, rosafarbene Gesichter und Rundaugen. (Sind es wirklich Vietnamesen?)

Die bunten Reklamefarben solcher Bilder sind ein harter Kontrast zur Realität ringsum; sie lassen die Armut in eigenartig neuer Beleuchtung erscheinen, weniger trostlos.

Das oft beschworene Grau sozialistischer Städte, ihre aufgerissenen Straßen, bröckelnden Fassaden, bemoosten Mauern, die genüßlich gegen unsere kapitalistische Konsumwelt und ihren Neonglanz abgesetzt wurden, soll hier nicht noch einmal ausgemalt werden. Zu viele Korrespondentenberichte haben sich daran gütlich getan.

Hanoi ist eine arme Stadt, aber nicht verelendet, verwahrlost; kein Slum. Irgendeiner fegt immer: Haus, Gehsteig, Hof. Irgendeiner ist immer mit Waschen, Putzen, Reparieren beschäftigt (Kindersachen, Fahrradreifen); irgendeiner ist immer am Räumen oder Ordnen; Orangen, Blumen, Räucherstäbchen werden liebevoll zum Verkauf angeboten.

Aber alles ist tausendmal gewaschen und repariert worden. Das Mädchen in der schwarzen Seidenhose, das sich zufällig vor mir bückt, hat drei Flicken kunstvoll aufgesetzt, die nur in dieser Pose und im Gegenlicht zu erkennen sind; manches Hemd ist zu Tode gewaschen. (So als hätte man bei uns die Zeit zwischen Krieg und Währungsreform auf dreißig Jahre verlängert und als Lebensstil etabliert.) Einfachheit, Bescheidenheit, Armut – auf alle gerecht verteilt: So kommt mir das Leben in Vietnam heute vor.

Nach dem vergeblichen Versuch, allein die Kathedrale zu finden, kehre ich zu Fuß zwei Stunden später zurück ins Gästehaus der Regierung, wo ich um neun Uhr mit meinen Begleitern verabredet bin. Auf dem Programm stehen Besuche in mehreren buddhistischen Tempeln. Ich interessiere mich besonders für die Pagode der Schwestern Trung, die aber leider, aus welchem Grunde wird nicht recht deutlich, geschlossen ist. Das unscheinbare Gebäude, das wie so viele hier dringend renoviert werden müßte, liegt auf einem großen gepflasterten Hof, den eine Horde kleiner Jungen sich als Spielplatz ausgesucht hat. Das schwarze Auto ist sofort von ihnen umringt, eine willkommene Abwechslung. Einige zeigen auch, was sie können, und klettern in den alten Schattenbaum; sie turnen darin herum und schneiden Gesichter, als ich sie fotografieren will. Unterdessen dreht ein anderer Junge mit seinem Fahrrad eine Runde nach der anderen, um seinen winzigen Bruder hintendrauf bei Laune zu halten. Aus dem Nachbargebäude kommt eine selbstbewußte junge Frau dazu; sie ist Bibliothekarin, Leiterin der Volksbücherei, die in diesem Haus untergebracht ist, der Thu Vien-Library von Hai Ba. Sie trägt (wie fast alle Frauen in Hanoi) schwarze Seidenhosen unter einer lockeren Bluse mit Blütenmustern und läßt sich gern fotografieren. Ich soll ihr das Bild schicken; sie gibt mir ihre Anschrift.

Weiterfahrt zu einem kleinen Tempel direkt am Rande einer

breiten Straße, hinter einer Ziegelmauer verborgen. Nach ein paar Stufen erblicke ich den Innenraum. Die Menschen sind andächtig, unbekümmert um meine Neugierde; ich versuche meine Hemmungen zu überwinden; die Trauergemeinde kniet vor dem Altar mit weißen Binden um den Kopf. Die Weihrauchstäbchen duften süß. Der Glockenton, die Trommel, der Duft erzeugen eine eigentümliche Atmosphäre, die mir sympathisch ist, und die mir der Welt der Funktionäre überlegen zu sein scheint. Meine Begleiter öden sich, müssen offenbar Witze machen, reden viel (und für vietnamesische Begriffe von Höflichkeit ungebührlich oft) nur untereinander. Aber ihre Auskünfte beschränken sich ohnehin auf Daten und Fakten wie Namen und Geschichtszahlen. »Wir müssen weiter«, die Zeit drängt. Die häßliche dicke Limousine bringt uns zum nächsten Tempel. Eine alte kleine Frau mit schwarzen Zähnen und um den Kopf geschlungenem Tuch führt mich. Ich lasse meine Schuhe draußen. Die goldenen Buddhas thronen im hinteren Teil des Tempels in der Halbdämmerung. Nur wenige Menschen sind zur Andacht gekommen, haben Opfergaben auf den Boden gelegt, Räucherstäbchen, Blumen. Wie gern würde ich an diesem Ort verweilen, mich einstimmen...

Die Chua Ba Da Pagode ist alt und steht gewissermaßen unter Denkmalschutz. Auf einem Schild wird ihr bescheinigt, sie sei als »historisches Erbe« anerkannt; es sei »verboten, sie zu zerstören«. (Welche Vorgeschichte steht hinter dieser Mahnung?)

Ein weiterer Tempel ist eine Art Museum nahe dem Ho-Tschi-Minh-Mausoleum, wo heute, am Sonntag, Hunderte von Menschen anstehen, um den alten Revolutionär wie ihren Ahnen zu ehren.

Der Tempel Quan Thanh liegt in einem wunderschönen Garten mit zierlichen Zäunen aus Stein und Fabelwesen, deren Ursprung in Mythen und Legenden zu suchen ist. (Volksglaube und Buddhismus sind in Vietnam seit jeher eng miteinander verwoben.) In diesem Tempelbezirk herrscht weltliche Feiertagsstimmung; Spaziergänger bestimmen das Bild. Auch hier überkommt mich die Lust, allein unterwegs zu sein, ohne Uhr und ohne Programm. Aber es gibt keine Straßenkarte von Hanoi, keine Taxis und nur wenige Beschilderungen, um nur die technischen Hindernisse zu nennen.

Im Tempel der Literatur

Im Tempel der Literatur begegnet mir eine wichtige Gestalt der Geschichte: die Dichterin Ho Xuan Huong, die Ende des 18. Jahrhunderts lebte und die in ihren Versen ihr Leben am Hofe und ihre Gefühle als Frau zum Ausdruck brachte. Dabei begnügte sie sich nicht länger mit Klagen wie ihre Vorgängerinnen, sondern ging zum Angriff über. Nicht durch die Natur, sondern durch die Gesellschaft befinde sich die Frau in ihrer unterdrückten Lage. Die »Überlegenheit des Mannes« (ein Element der konfuzianischen Lehre) wurde von ihr nicht anerkannt. In ihren Gedichten nahm sie Partei für die unglücklichen Frauen; sie bekämpfte die Heuchelei und verteidigte ledige Mütter. Von ihrer Sprache, ihren Wortspielen heißt es, sie seien farbig und kühn, viele würden sich insgeheim auf Sexualität beziehen, ein Thema, das bei Hofe und in der gelehrten Tradition ein absolutes Tabu war. Die berühmte Poetin ist im Tempel der Literatur mit geschriebenen Versen vertreten, die in einer Vitrine zu sehen sind. Ich nehme mir vor, mehr über sie zu erfahren. (Die Grenze der Sprache wird mir hier besonders schmerzlich bewußt.)

Die Vietnamesen lieben ihre Literatur, und sie leben mit ihr. Selbst mitten im Krieg haben sie nicht aufgehört, sich mit ihrer literarischen Tradition zu beschäftigen. Sie haben sie publiziert und übersetzt, selbst in die Sprachen ihrer Feinde. Ihre Könige, Heerführer und Helden haben Pinsel und Feder ergriffen, um sich in Versen auszudrücken; ein Beispiel: Noch im Gefängnis schrieb Ho Tschi Minh Gedichte. Bis in die Gegenwart finden wir Lieder, die geschichtliche Ereignisse feiern, im Stile der alten Meister oder volkstümlicher Sänger. Und sie haben eine Popularität, um die wir sie in Deutschland beneiden können.

Draußen, in einer Tempelhalle im Schatten des Mittags, sitzt ein junger Mann in Meditationshaltung vor einer Orchidee, auf die ein Lichtstrahl fällt, und zeichnet.

Hanoi, 15. Oktober – aus dem Tagebuch

Nun bin ich schon drei Tage hier, habe den ersten »Kulturschock« überstanden, einen normalen Programmtag absolviert: Besuche bei der Frauen-Union, im größten Kindergarten der Stadt und bei der Kommission einer Großbaustelle für neue Wohnungen; in exemplarischer Verdichtung ein Blick in die Zukunft des Landes.

Bei der Frauen-Union

Drei Frauen, die Präsidentin, ihre Stellvertreterin und eine junge Führungskraft mit Protokollaufgaben, kommen mir an der Treppe entgegen und begrüßen mich, indem sie mit beiden Händen meine Rechte umfassen, was sehr herzlich wirkt. Unser Gespräch kreist um Geschichte, Organisation und Aufgaben des Frauenverbands, der acht Millionen Mitglieder zählt. Nach dreißig Jahren Krieg, nach den Kämpfen gegen die »französischen Kolonialisten« und die »amerikanischen Imperialisten« habe man nur den einen Wunsch, »in Frieden den Sozialismus und ein glückliches und blühendes Land aufzubauen«. Nun würde dieser Aufbau erneut durch die »Pol Pot Clique« und durch die Überfälle der »chinesischen Expansionisten und Hegemonisten« bedroht; deren Grausamkeiten werden sodann mit großem Ernst und in allen Einzelheiten vorgetragen. (Ich gestehe, daß mich diese Ausführlichkeit befremdet: als würde das Furchtbare dadurch verständlicher.) Nicht weniger ausführlich – und für die mich ständig begleitenden Kader sicher nicht neu, obwohl sie alles getreulich protokollieren – folgt die Geschichte der Revolution.

Das Ritual wird durchbrochen, als ich nach den Lebensgeschichten der drei Frauen frage.

Duong Thi Duyen: »Wie alle meine Genossinnen habe ich an der August-Revolution und am Widerstand teilgenommen. Ich habe nicht von Anfang an in der Frauenorganisation mitgearbeitet, ich habe journalistisch und für das Radio gearbeitet, in der Bauernbewegung und gegen die Franzosen. Ich konnte mir meinen Job nicht selber aussuchen. Ich mußte tun, was die Revolution brauchte. Unsere Kinder können sich jetzt ihre Arbeit aussuchen. Sie bekommen eine gründliche Ausbildung. Unsere junge Genossin Tran Thi Hoa zum Beispiel hat eine besondere Ausbildung in fremden Sprachen...«

(Hoa, eine attraktive junge Frau, lächelt verlegen und protokolliert eifrig unser Gespräch in eine Art Kontobuch.)

Duong Thi Duyen erzählt: »Mein Vater war früher Lehrer. Wie in anderen Familien auch, blieb meine Mutter zu Hause. 1945 nahmen die Japaner allen Reis weg. Es gab eine große Hungersnot im Delta. Ich war damals gerade sechzehn Jahre alt, bin 1929 geboren. Ich erinnere mich noch an eine Szene in der Nähe unserer Schule. Die hungernden Leute verlangten Waffen. Ich erinnere mich noch daran, daß ich den hungernden Leuten etwas von den Lebensmitteln gab, die wir uns vom Munde abgespart hatten. Eine ältere Frau erklärte uns: ›Es ist eine gute Tat, Hungernden Nahrung zu geben, aber es ist nicht genug.‹ Sie zeigte uns, was zu tun war. Erst später erfuhr ich, daß sie ein Mitglied der revolutionären Bewegung war. Ihr verdanken wir, daß wir uns beteiligten. Viele meiner Freunde waren in der gleichen Lage.«

Vu Thi Lien, Jahrgang 1926, Mutter von zwei Kindern: »Für mich war es nicht anders. Als ich ein Kind war und zur Schule ging, war unser Land eine Kolonie. Die Franzosen machten viel Lärm mit ihren Parolen von ›Gleichheit, Freiheit, Brüderlichkeit!‹ Obwohl wir nur Kinder waren, konnten wir davon nichts sehen. Die Vietnamesen wurden überall unterdrückt. Wir durften keine Zeitungen lesen. Das Leben der Bauern war elend, die Stellung der Frau war sehr gedrückt. In meiner eigenen Familie hatte meine Mutter große Angst vor meinem Vater.

Ich war neunzehn Jahre, als die Augustrevolution (1945) ausbrach. Sie hat den Frauen Gleichberechtigung gebracht, für uns gute Bedingungen geschaffen. Der Sinn für Gleichheit hat sich sehr schnell entwickelt. Die Chancen für Mädchen und Jungen sind jetzt gleich. Beim Unterricht im Dschungel, unter diesen Bedingungen, wo wir nachts beim Licht von Petroleumlampen und Fackeln lernen mußten, wuchsen Mädchen und Jungen gemeinsam auf. Das ist der Grund, sehen Sie, warum ich meinen Lehrerberuf so sehr liebe. Ich erinnere mich gern an die Tage, die ich mit diesen jungen Leuten verbrachte. Heute braucht die Frauen-Union meine Dienste, aber die Ziele sind die gleichen. Es geht um die Befreiung der Frauen. Ich habe meine Arbeit lieben gelernt.«

Hier finden wir leichter Gemeinsamkeiten und Anknüpfungspunkte für Vergleiche von Hoffnungen und Realitäten der

Frauenbewegung in Vietnam und in der Bundesrepublik. Konkrete Beispiele lockern das Gespräch auf. Die Emanzipation des Mannes wird Thema. Wir lachen, nicken uns zu, bis dann mit der Rolle der Sexualität im Unterricht ein für Vietnamesen offenbar immer noch heikles Thema berührt wird, und wir kehren zu mehr »Sachlichkeit« zurück. Immerhin befinde ich mich hier gewissermaßen im Hauptquartier der Frauen der kommunistischen Partei Vietnams, die im Jahre 1980 ihr fünfzigjähriges Jubiläum feiern wird.

Aus einem dicken Buch, das sie wie eine Bibel auf den Knien hält, werden mir von der Vorsitzenden Grundsätze und Aufgaben der Frauen-Union vorgelesen; bekannte Parolen: »sozialistisches Bewußtsein«, »Mobilisierung aller Kräfte«; »eine neue Familienkultur« und »richtiges Denken« stehen dabei im Mittelpunkt. Ihre Stellvertreterin, eine große Frau in weißer Bluse mit einem freundlichen Bauerngesicht, schaut zu mir herüber, lächelt mich an. Ich höre zu. Es folgt eine Flut von Zahlen. Ich schreibe mir die wichtigsten auf.

In der Landwirtschaft sind heute 60 Prozent der Arbeitskräfte Frauen; in anderen Bereichen der Produktion und in der Verwaltung 44 Prozent; in einigen Bereichen der Leichtindustrie 62 Prozent, also die Mehrheit; in der Medizin sind es 53, in der Erziehung 60 Prozent. Schon 1958 gab es in Nordvietnam keine Analphabeten mehr, anders als im Süden, wo es noch heute viele Menschen gibt, die nicht lesen und schreiben können. In der Schule sind 50 Prozent der Schüler Mädchen; auf der Universität im Norden 38 Prozent. Für 45 Prozent aller Kinder gibt es Kindergärten.

Die Familienplanung hat den Geburtenzuwachs auf unter 3 Prozent gebracht. »Wir streben die Zweikinderfamilie an«, berichtet die Vorsitzende weiter und erklärt mir, auf meine Frage hin, was sie unter der »neuen Familienkultur« verstanden wissen will: »Wahre Liebe muß die Grundlage jeder Ehe sein. Man kann nicht morgens heiraten und abends auseinanderlaufen. Gleichberechtigung und Fortschritt sind die Werte dieser Kultur.«

Fortschritt?

»Ja, Sozialismus. Das heißt, beide müssen sich zum Sozialismus bekennen – er und sie müssen um den rechten Weg ringen, um das richtige Denken. Und das heißt: Verantwortung gegenüber der Gesellschaft.«

Ich frage nach Beispielen für »richtiges Denken« und bekomme eine Bilderbuchgeschichte erzählt: junge Frauen hätten ihre Verlobten überredet, die reaktionären Organisationen des Widerstands im Bergland zu verlassen und nach Hause zurückzukommen; dort habe man dann glückliche Hochzeiten gefeiert (Wunschwelt oder Wirklichkeit?).

Im Kindergarten

Wir kommen am Hintereingang an; eine Drahtgittertür sperrt die fremdartige Kutsche einfach aus, mit der wir gekommen sind – drei Mann hoch und ich (eine Riesin). Also kein »Bahnhof« mit winkenden Kindern. Auf dem Weg zum Haupthaus geraten wir in eine Räumaktion; die Mädchen lassen sich nicht stören, lachen, räumen weiter kleine Stühle und Tische um, stapeln Nachttöpfchen. Die Leiterin und ihre Stellvertreterin – nie redet und handelt hier einer allein – begrüßen uns mit grünem Tee. »Liebe und Fürsorge bewirken, daß die Kinder gern zu uns kommen«, erklärt die ältere, die sich als »zweite Mutter« von sechshundert Hanoier Kindern versteht.

Kindergartenprobleme haben hier nur wenig mit Theorie und viel mit Platz im Hause zu tun. Es ist erschreckend eng in den Räumen, wo die Kleinen den ganzen Tag verbringen. Ein Streit um Konzepte ist da müßig, Disziplin eine Überlebensfrage. Der Kindergarten ist überfüllt, und viele Eltern sind enttäuscht, daß es für ihre Kinder keinen Platz mehr gibt.

Im Grunde ist das die Situation Vietnams: Die Widersprüche zwischen humanen Vorstellungen und dem Druck der Verhältnisse. Wie viele Menschen müssen sich aufreiben und verschleißen an Aufgaben, die ihnen über den Kopf gewachsen sind. Die Kinder haben ihre Schale Reis, ihr Holzbettchen und einfache Spiele – zu mehr reicht es beim besten Willen nicht. Aber ich habe selten fröhlichere und freundlichere Gesichter gesehen als bei diesen Kindergärtnerinnen und jungen Lehrerinnen; vielleicht gelegentlich bei wirklichen Christen. Die Gitterbettchen der Jüngsten kommen mir trotzdem wie kleine Gefängnisse vor und die ordentlich abgezählten Kindergruppen an ihren Tischen wie Rekruten. Die Neuankömmlinge weinen; sie sind die einzige Gruppe, knapp hundert, »die sich noch nicht an das neue Leben gewöhnt haben«, wie man mir erklärt. Sie haben mich plötzlich an die Boat people erinnert. Die anderen, selbst die allerkleinsten, erste wenige Monate alten Krippenkinder machen einen satten und zufriedenen Eindruck, mitten in all dieser Bescheidenheit. Sie werden auch nie angeschrien, wenn sie angesichts der Fremden mal aus der Reihe tanzen oder laut werden, allenfalls leicht am Ärmchen gepackt und in die Gruppe zurückgeholt.

Der Spielplatz draußen zwischen den flachen, unscheinbaren Betongebäuden reicht nicht einmal für sechzig Kinder; also spielt man in Schichten. So muß alles gerecht verteilt werden: der Mangel an Platz und Spielmöglichkeiten in diesem armen Land. Und gutes Verhalten wird übersichtlich belohnt mit roten Fähnchen, die – angeregt von der Lehrerin – dann durch die Kindergruppe vergeben werden; früh übt sich so die Gesinnung, die den Gang der Geschichte bestimmen soll.

Es stimmt nicht, wenn man sagt, diese Erziehung sei autoritär; sie ist es jedenfalls nicht in unserem, im europäischen Sinn; es fehlt das Moment von direkter Unterdrückung durch laute Einschüchterung, Liebesentzug oder nach außen verlagerte Aggression; es fehlt das »Radfahrer-Syndrom«. Disziplin und kollektives Denken, so scheint es mir, haben hier eher mit einem konfuzianisch verwurzelten Begriff von »Respekt« zu tun, in den wir uns schwer einfühlen können und der in gewisser Weise heute dem »sozialistischen« Staat zugute kommt.

Zweimal mußte dieser Kindergarten im letzten Jahrzehnt der Bomben wegen aufs Land evakuiert werden. Jederzeit könnte das wieder geschehen – diesmal durch Krieg mit China –, so jedenfalls sieht es im Bewußtsein der Erwachsenen hier aus. Die Angst vor dem möglichen nächsten Krieg ist keine aufgepfropfte Sache. Ich habe ins Gästebuch des Hauses geschrieben (nach zahllosen allzu begeisterten Kommunisten), ich wünschte den Kindern vor allem Frieden und daß sie in einem glücklichen Vietnam aufwachsen können.

Die Baustelle

Am Rande von Hanoi entsteht eine neue Stadt. Seit 1972 wird hier der Versuch unternommen, die typischen Probleme einer Großstadt der Dritten Welt, die Hanoi mit über einer Million Menschen auch ist, zu lösen. Mit den Mitteln von gestern, was Technik und Konzepte anbelangt. Aber die Wohnungsnot läßt wenig Zeit zum Nachdenken. Ganze Familien müssen in den alten Quartieren der Stadt oft mit einem einzigen Raum auskommen – drei Quadratmeter pro Mensch, rein rechnerisch. Nun droht die Baustelle zum Denkmal ihrer Absichten zu werden: achtzig Wohnungen pro Block; vier Gruppen von insgesamt achtundzwanzig; für etwa zwölftausend Menschen. Nur wenige sind fertig geworden; halbfertige Blocks umstehen trostlose trockene Plätze, verlieren schon wieder Putz und Farbe. Balkonverkleidungen, Blumenkästen, schattenspendende Matten sind die verständliche Antwort der Menschen in den bereits bewohnten Häusern auf diese Misere. Dadurch wirken sie, auf den ersten Blick, für den westlichen Besucher wie die Anfänge neuer Slums. Die Männer der Bau- und Planungskommission dagegen können ihren Stolz kaum verhehlen; große Zahlen imponieren ihnen. Es ärgert mich, aber ich kann es auch verstehen: Wo war denn unsere Phantasie in den Aufbaujahren nach dem Krieg? Und wie haben wir, mit so viel mehr Erfahrung und Mitteln, unsere Städte wieder aufgebaut?

Draußen, es ist gegen halb vier, stehen ein paar Baumaschinen und ein Lastwagen ungenutzt herum (mit kyrillischer Aufschrift). Zwangspause durch den Grenzkrieg mit China? Die verbliebenen Bauarbeiter sind inzwischen als Miliz Teil der Landesverteidigung. Eine schwangere Frau schleppt einen Eimer voll Steine ins Haus; arbeitet sie allein hier weiter?

Ich besichtige einige Wohnungen in einem bald bezugsfertigen Neubau, jeweils zwei bis drei Räume. Ein unvorstellbarer Komfort für die meisten Familien (zwei mal 3,80 Meter, Küchennische, Dusche, WC für etwa zwanzig Dong; für viele ein halbes Monatseinkommen). Trotzdem, die Wohnungen sind heiß begehrt, und es gibt schon zu viele Bewerbungen. Ich wundere mich nicht, wenn ich aus dem Fenster zur Straße hinunterschaue und die halbzerfallenen Strohhütten sehe, die dort abgerissen werden. Die Straße, jetzt von Fahrradschwärmen verstopft, soll verbreitert werden, bis unter diese Hausbalkons; auch die Bäume sollen natürlich verschwinden. Hier will man Industrie herhaben. In den schon fertigen Blocks haben derweil die Bauern-Städter Besitz ergriffen vom noch unbestellten, ihrem neuen Grund und Boden, indem sie Balkone und Baustellen vor und hinter ihren Häusern bepflanzen. Die ersten Bananenbäume werden bald Frucht tragen… Wann wird der Aufbau weitergehen?

Zurück in die Innenstadt. Bummel in der Abenddämmerung, allein am See. Wieder das melodiöse Glockenspiel Punkt sechs. Die Bäume und Büsche wachsen symmetrisch in Wolken und Wasser; die Inselpagode verdoppelt sich; eine andere Welt tut sich auf – zeitlos und poetisch. Hanoi kann sehr schön sein.

Es gibt Fernsehen

In der halbleeren Lobby des »Thong Nhat«-Hotels eine Stunde vietnamesische Flimmerkiste. Es läuft »Dobra Nocka«, ein sowjetrussischer Trickfilm für Kinder; eine orientalische Märchenwelt mit Reitern und Prinzessin. Zwei kleine Jungens gukken sich, wie bei uns, die Augen aus dem Kopf. Sieben Uhr dreißig abends. Die »aktuelle Kamera« Hanois beginnt mit einer Parteiveranstaltung; redende Männer am Mikrofon. Klatschen. Beifall für Truong Chinh. Dann die Kultur: Minderheiten, Thais und Meos, grüßen in ihren Trachten; vietnamesische Volkstänze, die auf seltsame Weise an russische Choreographie erinnern; zum Liebeswerben entschlossen blickender junger Männer müssen bezaubernde Mädchen neckisch ihre Schirme schwenken. Nach staatlich-steriler Folklore weitere Nachrichten. Ansager und Ansagerin wirken plötzlich »westlich« in städtischer Büroaufmachung. (Ist dies das Selbstverständnis des modernen Vietnam?) In vielen Berichten spürt man etwas von der Begeisterung für den »Fortschritt«. Die DDR ist der Gipfel.

Und der Staatsbesuch Pham Van Dongs. Wo? In Kuba. Ein großes Spruchband in Nahaufnahme: »Las mujeres de America-Latina están con Vietnam!« Dann: Anti-Peking-Parolen. Viel lateinamerikanischer Enthusiasmus für »Ho-Ho-Ho-Tschi-Minh!« – Händeklatschen, Fähnchenschwenken, sozialistische Bruderküsse, Blumensträuße, Kindergrüße als Höhepunkt. Dann wieder ernsthafte Männergeschäfte: Unterschriften auf wichtigen Papieren. Bankette und Festreden; zum Schluß Kolonnen amerikanischer Straßenkreuzer vor eindrucksvollen Hochhauskulissen; winkende Menschenmassen. »Solidarität mit Vietnam!«

Wie sollen die Zuschauer hier in der Lobby, heute fast ausschließlich Vietnamesen, nicht in ihrer Ansicht bestärkt sein, daß sie in der Welt bewundert und geliebt werden? Daß sie gegenüber den »chinesischen Expansionisten und Feudalisten« im Recht sind, so wie einst gegenüber den »französischen Kolonialisten« und – noch gar nicht so lange her, aber doch schon ein wenig verdrängt – den »amerikanischen Imperialisten«? Wie sollen sie nicht überzeugt davon sein, daß sie die »korrekte Linie« vertreten?

Noch vor der Wetterkarte mit Vietnam in den politischen Grenzen Vietnams (ohne Laos und Kampuchea) kommt ein Beitrag zum »sozialistischen Aufbau«; diesmal mit vielen Frauen im Bild: beim Reisumpflanzen und Ernten und in der Nudelfabrikation; sie arbeiten hart und lachen dabei. Es steht also alles zum besten im Fernsehen »made in Hanoi«.

PS: Ich bin etwas verwirrt über den Zeitpunkt des Besuchs. Pham Van Dong jetzt in Kuba?

»Nein«, lacht der Dolmetscher über meine Auffassung von »aktueller Kamera«, »das ist schon vier Wochen her, wie üblich.« (Informationspolitik in Vietnam.)

Gespräche mit Schriftstellerinnen

»Bei unserer Arbeit gehen wir aus von unserer Liebe zum Leben«, so beantwortet die bekannte Schriftstellerin Cam Thanh meine Frage, warum sie schreibt. Beim Besuch im Haus des Schriftstellerverbandes treffe ich mit acht Frauen zusammen, deren Gemeinsamkeit vor allem darin besteht, daß sie spontan und lebendig argumentieren. Mong Son, die älteste der schreibenden Frauen (Jahrgang 1919), stammt noch aus einer feudalen Familie, die es ihr nicht erlauben wollte zu schreiben, so daß sie heimlich damit begann. »Wenn du mit Tinte arbeitest, wird sie dir das Herz zerfressen«, wurde sie von ihrer Mutter gewarnt. Heute schreibt sie über Alltagsprobleme, über die Schwierigkeiten des Lebens in der Stadt, über die Arbeit in der Fabrik. »Ich möchte diese Seite des Lebens kennen«, sagt sie und erzählt, daß ihre eigene Tochter in einer Fabrik arbeitet.

Ngoc Tu, eine jüngere Lehrerin (Mitte dreißig) hat sich in einem in Vietnam berühmt gewordenen Roman mit ihren Erfahrungen auf dem Lande auseinandergesetzt. Die erfolgreiche Autorin findet es selbstverständlich, »die Leute an der Macht« zu kritisieren; sie habe dies auch in ihrem Buch »Village Land« getan. Ähnlich reagieren auch die anderen Frauen, als ich sie bitte, zu einem Satz von Günter Grass Stellung zu nehmen, der (nach seinem Chinabesuch in Singapur) gerade gesagt hatte, Aufgabe des Schriftstellers sei es, unbequeme Fragen zu stellen und Kritik zu üben an den Herrschenden.

Bei Tee, grünem Reis und süßen Bananen vergesse ich fast

drei Stunden lang Komitee, Kader, Sprachregelungen; die belehrenden Monologe der offiziellen Programmplanung werden hier in einer offenen Atmosphäre außer Kraft gesetzt und durch einen Dialog ersetzt, in dem auch ich Rede und Antwort stehen muß.

Leider ist das schöne Bild hier unvollständig. Nicht immer kommen die Frauen so zahlreich zu Wort. Im Schriftstellerverband sind die Zahlenverhältnisse genau umgekehrt: Nur zehn Prozent aller Autoren sind Frauen. (Mit dem Vorsatz, mehr von diesen Frauen zu lesen und beschenkt mit Blumen und Büchern komme ich zurück ins Quartier.)

ĐỘC LẬP

Besuch einer landwirtschaftlichen Kooperative

Wir fahren nach Yen So, eine indische Professorin und ich mit zwei Regierungsautos und insgesamt sechs Personen Begleitpersonal. (Der Aufwand kommt mir gespenstisch vor.) Begrüßung im Empfangsgebäude. Der große Raum ist mit Trophäen geschmückt: rote, goldbestickte Wimpel signalisieren Siege im sozialistischen Wettbewerb um die fortschrittlichste Produktion. Eine Kuckucksuhr, ein blaues FDJ-Fähnchen, ein Kalender für 1980 mit deutschem Wald im Vordergrund und Durchblick auf einen modernen Industriebau lassen wissen: Die DDR war schon hier – nicht zum ersten Mal. Überhaupt kommt viel Besuch hierher, denn dies ist eine Musterkommune, ein Betrieb zum Vorzeigen. Am langen Tisch gibt es grünen Tee und Bananen. Der Vorsitzende, ein zäher, dynamischer Bursche mit kräftigen Kinnbacken, ausgeprägtem Adamsapfel und sehnigen Armen, ist nicht ohne Grund begeistert vom Fortschritt der Kommune. Was man vor zwanzig Jahren nicht gehabt habe, entbehren mußte, und was man heute hat und sich leisten kann, ist das mit Zahlen gespickte Thema seiner Ansprache: Fast hundert Prozent der Mitglieder wohnen heute in Ziegelhäusern statt in Strohhütten, haben Elektrizität, Radio, »schöne Kleidung«; es gibt genug Schulen für 1450 Kinder, sogar eine der dritten Stufe, von der achten bis zehnten Klasse; Krippe und Kindergarten; medizinische und Altersversorgung für die 6200 Menschen und so weiter.

Umsätze, Exporte, Wohlstand, Sicherung des Lebens – alles habe gesteigert werden können. Der Stolz des Berichterstatters ist nicht unberechtigt: Die Gebäude und Felder, Stallungen und Werkstätten machen (bei unserem Rundgang) einen aufgeräumten Eindruck. Die marzipanfarbenen Schweine aus der Sowjetunion beginnen sich munter mit den derben schwarzen Hängebauchschweinen des Landes zu kreuzen und zu schekken. Alternativler wären beeindruckt von dem integrierten Fischzucht-, Abwasser- und Reisanbauverfahren. Die Menschen werden mehr als satt. Wie sie sonst leben, läßt sich schwer beurteilen; die Disziplin scheint dem westlichen Besucher ziemlich weit getrieben zu sein: Schon die Kleinkinder werden hübsch ordentlich, eins nach dem andern, mit Wasserspinat und Reis abgefüttert; ihre Waschläppchen trocknen in Reih und Glied auf einem Wäschetrockner in der Sonne. In Gruppen marschieren junge Mädchen unter ihren Kulihüten zur Arbeit, sechzig Prozent der Landarbeit werden von Frauen geleistet; neunundneunzig Prozent sind es in der Handarbeitsproduktion. Dreihundert Stickerinnen sitzen dicht an dicht über ihren Seidenstickrahmen; die Räume sind eng und heiß; die Frauen schauen kaum auf, wenn wir kommen; die meisten nehmen kaum Notiz von uns seltsamen, fremden Frauen und der großen Gruppe müßiger Männer, die in unserer Begleitung gekommen sind.

»Wie kommt es, daß Sie so erfolgreich sind?« frage ich den Leiter. »Und haben Sie auch Probleme?« – Die strikte Anwendung der Richtlinien der Partei erkläre den Erfolg, lautet die Antwort prompt. Die Leute bemühten sich hier, »die Politik der Staatsführung auf die praktischen Bedingungen ihrer Kooperative anzuwenden«. Laut Planungsauftrag produziert die Genossenschaft Gemüse, Fisch und Fleisch für die Versorgung Hanois und Handarbeiten – Teppiche zum Beispiel – für den Export.

Wie die Menschen wirklich leben, kann man aus solchen Besichtigungen nicht erfahren; ich stoße mich immer wieder an den zu engen Grenzen des »offiziellen Programms«. Trotz allem läßt sich sagen: Noch nie in der Geschichte ist es den Bauern dieser Region besser gegangen als den Menschen, die heute hier in Yen So, in dieser Musterkommune leben und arbeiten.

Shopping in Hanoi

In der Nähe der Straßenbahnhaltestelle blüht der kleine Handel. Einzeln oder als Familien hocken sie auf dem Boden, Menschen, die bäuerlich aussehen, Gemüse, Orangen, baguetteartige Brote anbieten, eine Handvoll Zigaretten, Nähutensilien, Hüte oder Sonnenbrillen, die aus dem Ostblock kommen. Die Lust am Handel scheint auch in Hanoi nicht totzukriegen zu sein. In jüngster Zeit hat es gerade wieder Erleichterungen für den privaten Verkauf gegeben, nachdem die Versorgungsschwierigkeiten katastrophale Ausmaße angenommen hatten. Allerdings sind die Preise dafür auf Schwarzmarktniveau geklettert. Ein Schwede will für ein Kilo Zwiebeln fünfzehn Dong, ein UNO-Beamter für ein Huhn zwanzig Dong bezahlt haben. Ich bezahle einen Dong für vier Bananen. Im Durchschnitt verdient eine Kindergärtnerin vierzig, ein Lehrer etwa sechzig Dong im Monat. Trotzdem scheint heute die Versorgung der Bevölkerung auf einem sehr niedrigen Niveau gesichert zu sein; die Menschen machen keinen verhungerten Eindruck; die Kinder wirken gesund.

Es gibt zwei, eigentlich sogar drei Klassen von Käufern und Geschäften: die staatlichen Läden, die rationierte Güter über Einkaufsbücher verkaufen, die Dong-Geschäfte und die Dollarshops. Entsprechend gibt es auch drei Bedürfnisebenen: die Reisebons als Grundlage des täglichen Lebens, die Ebene der Haushaltsdinge mit Töpfen und Stoffen und schließlich die der Luxusartikel: Whisky, US-Zigaretten – gehobener Konsum, der nur durch Dollarbesitz verfügbar wird. Auch für Brot und Fleisch muß man früh aufstehen – sich oft anstellen. Es käme sicher nicht selten vor, daß die Vietnamesen mit Hungergefühlen schlafen gingen, meint ein westlicher Beamter, der schon länger in Hanoi lebt.

Im staatlichen Warenhaus, das mich an einen jugoslawischen Bahnhof erinnert, herrscht gähnende Leere in den Regalen. Aber die Leute kommen doch und schauen sich um, finden manchmal etwas, was ihnen gefällt. Im ersten Stock hat sich eine kleine Schlange gebildet; in einem Karton gibt es goldene Tischspiegel zum Aufklappen und mit einem Blumenmuster hintendrauf. Einer nicht mehr ganz jungen Frau vor mir am Tresen strahlt die Freude aus den Augen, als sie ihn endlich in Händen hält. Ich darf hineinsehen und mich mitfreuen.

Woanders gibt es Rasierseife mit dem Namen »Thong Nhat« – Wiedervereinigung, zum morgendlichen Einseifen; auch nützliche und seltsame Dinge wie Gummisandalen, Glühlampen, Zahnräder und immer wieder bemalte Thermosflaschen, das Stück zu sieben Dong, direkt aus Hanoier Produktion. Es gibt Musikinstrumente: Gitarren und Mandolinen, mit denen drei Soldaten liebäugeln. Im Schaufenster an der Straße sogar eine Harmonika aus der DDR, Marke »Weltmeister«, leicht verstaubt zwischen toten Fliegen.

Eine Radioanlage aus der Sowjetunion (»Melodija 2000«) kostet achthundert Dong, mehr als ein ganzes Jahreseinkommen; ähnlich steht es mit Fahrrädern, die in Vietnam das Auto ersetzen. Es gibt vielleicht zwei Dutzend Stoffmuster (der Meter zwischen sechs und sechzehn Dong), unter denen man auf Bezugschein wählen kann, wie bei uns im Krieg oder vor der Währungsreform. Von der heute oft beklagten Korruption spielt sich wahrscheinlich viel auf der untersten Ebene von kleinen Geschenken und Tauschgeschäften ab, vor allem in Hanoi.

Was es nicht gibt

Ich mache eine Liste: Natürlich gibt es keine Reklame für Waschmittel oder Zigaretten, keine Schaufensterorgien, keine Mercedeswagen (jedenfalls keine privaten. Die Petro-Vietnam hat den Dienst-Mercedes des Herrn Thieu geerbt). Es gibt keine Hunde und keine Katzen (der Tollwutgefahr wegen, wie man mir sagte). Es gibt keine Taxis, keine öffentliche Zurschaustellung von Sex; keine »piped-music« im Hotel (manchmal gibt es dort auch kein Wasser). Es gibt so gut wie keine Kriminalität, keine Angst vor Überfällen, wenn ich nachts allein durch die halbdunkle Stadt gehe. Es gibt keine Abfälle, keinen Schmutz auf den Bürgersteigen, keine Unterhaltungsangebote, außer überfüllten Kinos mit gesäubertem Programm. Für das Theater gibt es, auf normalen Wegen, keine Karten (obwohl ich, mit Glück, eine erstehe). Viele für den Westler wichtige Waren, zum Beispiel Elektrogeräte oder Kosmetikartikel, gibt es nicht, aber auch keinen grünen Tee (außer in den Getto-Shops: Diplomaten- oder Dollar-Läden). Es gibt keine Hochhäuser, keine Hochstraßen, keinen Verkehrslärm nachts...

Theater, Bilder, Bücher

Eine aufregende Erfahrung: im vollbesetzten alten Theater aus der französischen Kolonialzeit spielt nun ein Heroenstück der Befreiungskriege, das am Anfang im degenerierten Saigon angesiedelt ist. Dadurch kann es gewisse Zugeständnisse machen an das Unterhaltungsbedürfnis der Zuschauer, an westlichen Lebensstil, in Kleidung und Bühnenbild, vor allem aber mit einer tollen Rockmusik im Zwischenakt, die offenkundig gut ankommt (und die hier an diesem Ort auch auf mich plötzlich erfrischend wirkt).

Auf der Bühne erscheinen zwei Damen, zierlich und elegant und in immer neuen Ao Dais; zwei aufgeputzte Zuhälter kommen dazu, reden, rauchen, trinken. So war es in Saigon 1975, besagt dieser Rückblick. Im Kontrast zu diesen verderbten bürgerlichen Gestalten sieht man dann zwei frisch und gesund wirkende junge Soldaten aus dem Norden. Es ist nur noch eine Frage der Zeit, bis der Spuk beendet sein wird.

Meine Nachbarn, oben im zweiten Rang, müssen sehr einverstanden sein: Gebannt schauen sie zu, nicken mit dem Kopf;

rechts von mir ein junger Mann mit Brille und langem Nagel am linken kleinen Finger (wie ein Mandarin) gibt mir einige Stichworte zum Verständnis. Zu meiner Linken sitzt ein junger Soldat mit glänzenden Augen.

Draußen auf dem Theaterplatz, im Halbdunkel der Laternen, parken die Räder zu Hunderten. Ebenso wie die Betonröhren, die man wohl erst vor kurzem abgeladen hat, um sie jederzeit als bewährte Einmannbunker wieder in Betrieb nehmen zu können, erinnern sie mich: Ich bin in Hanoi.

Eigentlich hatte ich das berühmte Theater nur besichtigen wollen, durfte aber selbst den Vorraum nicht ohne gültige Karte betreten. Lange Schlangen an der Kasse und am Eingang; schließlich verhilft man mir zu einem Ticket für 0,40 Dong. Als ich die Geschichte am nächsten morgen dem Dolmetscher erzähle, traut der seinen Ohren kaum: Ich hätte eine Karte bekommen? Das gebe es doch nicht! Und allein?! Er habe sich seit Jahr und Tag vergeblich bemüht. (Aber ich kann ihm die reguläre Einlaßkarte zeigen.)

Im Alltag, auf einem Abendspaziergang in Hanoi, rund um den kleinen See Hoan Kiem, kann man vergessen, daß sich Vietnam im Grunde noch immer im Krieg befindet, so idyllisch wirkt alles, trotz der großen Armut. Nur die Fotoausstellungen über »Fünfundzwanzig Jahre Unabhängigkeit (1954–1979)« oder die »chinesische Aggression« – mit Bildern, die immer wieder westliche Politiker, zum Beispiel Nixon, mit Hua Guofeng oder Dengxiao Ping, ja selbst den alten Mao zeigen – erinnern an die politische Realität. Solche Ausstellungen werden übrigens von allen Altersgruppen besucht und aufmerksam studiert: der Greis mit dem Enkelkind an der Hand, die alte Frau mit dem Baby auf dem Arm und im Sonntagsstaat; vor allem aber sind es ernste junge Männer – die Helden von morgen? Die Räume sind selten leer. Da es wenig Unterhaltungsangebote gibt, befriedigen diese Ausstellungen in Hanoi sicher auch den Bild- und Bildungshunger, das Bedürfnis nach Information und Abwechslung, das bei uns durch das Fernsehen gestillt wird.

Aber auch die Buchgeschäfte, die als einzige ein großes, wenn auch inhaltlich einseitig parteiliches Angebot machen, sind gut besucht. Einige Schallplatten mit Volksmusik und klassischen, meist russischen Konzerten oder Opernstücken, ein paar farbige Kinderbücher beleben die belehrende Buchlandschaft; sie kosten jedoch zu viel für den durchschnittlichen Verdiener. Immerhin gibt es viele Publikationen über Geschichte und Kultur Vietnams, die Politik der Partei, auch in englischer und französischer Sprache; ganz zu schweigen von dem üppigen Buchangebot aus der Sowjetunion, das breite Tische einnimmt.

Empfang in der historischen Fakultät

Der Besuch in der Universität gestern, die eher an eine Kaserne als an einen Campus erinnert, war für mich ein gewisser Schock: Hier ist die Armut nicht nur materieller Art, obwohl auch sie bedrückend ist. Die Bücher auf rohgezimmerten Regalen sind staubig und quellen auf in der feuchten Luft. Ausstattung und Mobiliar sind von Sperrmüllqualität. Alles das ist schlimm und müßte vor allem auch Gegenstand von Überlegungen zur Hilfe sein. Aber schlimmer noch fand ich die geistige Enge, den sichtbaren Mangel an Austausch mit der Welt. Auch davon konnte ich in der Uni-Bibliothek einen Eindruck gewinnen. Regal um Regal Bücherstiftungen aus der UdSSR in kyrillischer Schrift und französische Bücher aus der Kolonialzeit. Einige neuere technische und naturwissenschaftliche Literatur aus der DDR; keine internationalen Zeitschriften außerhalb des »sozialistischen Lagers«.

In der historischen Fakultät werden die indische Professorin und ich von sechs Professoren begrüßt. Der Vizepräsident, ein Ethnologe, gibt einen Überblick über die Lage des Fachs: »Unsere Traditionen sind eine mächtige spirituelle Motivation für uns... Wir sind keine Oase innerhalb der Gesellschaft...Die Studenten sollen zu Kämpfern werden, die binnen vierundzwanzig Stunden, falls das nötig ist, ihre Schule verteidigen können. China kann uns jeden Moment wieder überfallen...«

Der Marxismus-Leninismus als Grundlage des Studiums; die Wehrertüchtigung der Studenten, auch der Mädchen; die Orientierung der Forschung an den jeweiligen Bedürfnissen der Landesverteidigung – eine Forschung, die zum Beispiel gerade jetzt durch Linguisten nachweisen ließ, wie wenig die vietnamesische Sprache in ihren tiefsten Wurzeln chinesisch beeinflußt ist (und die mich an israelische Archäologie erinnerte); die historische Forschung der Studenten, die in den Dörfern Traditionen belebt, um die Kampfbereitschaft zu mobilisieren – alles das ist meiner Meinung nach geeignet, eine Festungsmentalität zu entwickeln, ein ethnozentrisches Denken, das produktive und kreative Lösungen der Probleme des Friedens verhindert. Es provoziert geradezu die Gefahren, die es abzuwehren vorgibt. Der Geist des nationalen Widerstands wird auf diese Weise bedrohlich zum Chauvinismus.

In seinem Aufsatz »Zur Lage in Vietnam« behauptet Peter Weiss, das Argument, die Gegensätze zwischen Vietnam und Kambodscha bzw. China seien »auf uralte Konflikte zurückzuführen«, könne heute »keinen Anspruch auf Wissenschaftlichkeit erheben, ein nationalistisches Denken« sei seit der Gründung der Vietminh 1941 »außer Kraft gesetzt worden«; die Beziehungen zwischen der Arbeiterpartei und den Befreiungsbewegungen benachbarter Länder seien »internationalistischer Natur«.

Während meines Aufenthalts in Vietnam bin ich über nichts so häufig, so ausführlich und mit fast gleichlautenden Worten unterrichtet worden wie über die jahrtausendealte Feindschaft mit China: »Viertausend Jahre Geschichte Vietnams stehen an der Front.« Unter diesem Motto – Schlagzeile einer Tageszeitung in Hanoi am ersten Tag des chinesischen Angriffs (am 17. Februar 1979) – wurden mir bei jeder Begegnung mit Vertretern von Organisationen und Regierungsstellen die gegenwärtigen Konflikte erläutert. Ich habe sie schließlich wie ein unumgängliches Ritual über mich ergehen lassen, denn offensichtlich sind sie weniger dazu gedacht, mich zu informieren, als das eigene Selbstgefühl zu stärken. Das Bild des »asiatischen Preußen«, der Bezug zu Sparta – Vergleiche, die ich als »europäisch« immer abgelehnt hatte –, wurden nun von solchen Professoren selber heraufbeschworen. (»Im Kampf gegen die Horden aus Peking gibt es keinen Mangel an unbekannten spartanischen Helden wie Leonidas, die aus den Massen der Bauern und Arbeiter hervorgegangen sind«, heißt es in einer gerade erst herausgegebenen Dokumentation.)

Die intellektuelle Isolation der Universität wird für mich eher noch dadurch unterstrichen, daß sich der einzige Kontakt mit der westlichen Welt zur Zeit offenbar auf zwei Pariser Historiker beschränkt, die in Hanoi über die Auswirkungen des französischen Imperialismus auf Vietnam arbeiten. Für Gegenwarts- und Weltprobleme anderer Art scheint das Interesse zu fehlen. Mit kaum zu überbietender Deutlichkeit hat mir der Vortrag dieser Militärprediger hier überdies klargemacht, warum keine Diskussion über verschiedene Standpunkte, nicht einmal marxistische, möglich ist: Die Parteilinie ist Richtschnur – ganz wörtlich zu verstehen. (Dieser deprimierende Befund gibt auch Anlaß zu der Frage, was westliche Wissenschaftler hätten tun können, um solches Einigeln zu verhindern.)

Im Alltag ist von einem derart »kriegerischen Wesen« der Menschen Vietnams nichts zu spüren. Dagegen konnte ich viel Zärtlichkeit beobachten: Schulmädchen auf dem Heimweg, Arm in Arm; einen Vater, der sein Töchterchen spazierenträgt; ein Liebespärchen auf einer Bank; zwei junge Männer in grünlichen Tropenhelmen – Soldaten? – gehen Hand in Hand über die Straße zum See hin, der mitten in Hanoi liegt und der an eine ganz andere Tradition erinnern könnte, die in Vergessenheit zu geraten droht: Als der Volksheld Le Loi nämlich hier vor einem halben Jahrtausend nach siegreichem Kampf um die Unabhängigkeit seines Landes sein Schwert zurückgab (an die Gottheit, die in Gestalt einer Schildkröte Weisheit verkörpert), da begründete er eine lange Periode des Friedens: »Wichtiger ist es, die Menschen zu überzeugen, als Zitadellen einzunehmen« und: »Frieden ist die Grundlage der Humanität und Gerechtigkeit« – das waren die Grundsätze, nach denen damals das Land aufgebaut wurde.

Vietnam heute: Das Mausoleum von Ho Tschi Minh, Stein gewordene Revolution, Religion gewordene Geschichte. Das Testament des »Onkel Ho«, bewacht von russisch uniformierten jungen Soldaten.

Auf einem Reisfeld am Rande der Straße nach Gia Lam habe ich eine Totenfeier gesehen; eine große Gruppe von Menschen; gelbe Fähnchen flatterten im Wind, nach alter Überlieferung. Das Volk und seine Ahnenverehrung... Ein Thema für Reflexionen über den Umgang mit Toten im Gebäude der Geschichte, über ihre Wehrlosigkeit gegenüber lebenden Herrschern, über ihren Mißbrauch durch Macht.

Besuch bei Ho Tschi Minh

Gegen neun Uhr betreten Herr Ngoc und ich, ausgestattet mit dem Privileg einer Sondergenehmigung, den modernen Tempelplatz und werden zunächst in einem sehr schönen Gästehaus empfangen, das sich in seiner Bauweise und mit seinem Garten eng an vietnamesische Traditionen anlehnt; hier, so könnte man sich vorstellen, hätte der beliebte Volksheld eine letzte Bleibe gefunden, die den Menschen in seinem Land jederzeit zugänglich ist, auf vertrauten Wegen, ohne Stufen.

Die Straße, die zum Eingang in den Tempelsockel führt, ist so breit, daß man kaum allein darauf gehen mag; aus den Blumenrabatten tönt leise Musik; geschulte Hostessen und grüßende Offiziere sorgen für feierliche Ordnung unter den Besuchern. Noch immer kommen sie, meist in größeren Gruppen, aus dem Lande angereist; an Sonntagen oder Feiertagen bilden sich lange Schlangen vor dem grauen Marmorgebäude. Ho Tschi Minh (1890–1969), der über 50 Jahre lang den Befreiungskampf seines Volkes angeführt und verkörpert hat, hätte sich diesen Kult um seine Person wohl kaum träumen lassen.

Fremdartig für mich: die zierlichen Soldaten in ihren erdrükkend dicken russischen Uniformen – mit roten Epauletten, metallisch glänzenden Knöpfen, Deckelmützen, viel zu großen weißen Handschuhen und schwarzen Stiefeln – die den Toten bewachen. Es sieht aus, als hätten sich vietnamesische Bauernjungen für eine Militärparade verkleidet; aber die ernsten Gesichter mit vor Andacht glänzenden Augen lassen jeden Anflug von Spott über dieses Ritual verstummen. Dies hier muß man wohl respektieren wie eine Messe, eine buddhistische Tempelfeier, einen islamischen Gottesdienst – als eine fremde Religion. Vielleicht auch als eine neue Form der alten Ahnenverehrung, die noch immer tief in diesem Bauernvolk verwurzelt ist.

Als ich den Greis, wächsern und rosig beleuchtet, in seinem Glassarg liegen sah, wirkte er auf mich wie das Prunkstück einer historischen Ausstellung – mumienhaft und museal, ohne die Aura, die er im Leben hatte. Lieber wäre er wohl in einem Reisfeld zur letzten Ruhe gebettet worden.

So aber erweist der alte Revolutionär seinem Volk vielleicht einen letzten Dienst als integrierender Mythos? Sein »Testament« ist Wirklichkeit geworden: die Wiedervereinigung mit dem Süden erreicht; doch nun scheint die Gleichheit im Norden durch diese Einheit bedroht zu sein.

Im Rosengarten hinter dem Mausoleum begegnet mir eine sehr kleine, sehr alte Frau vom Lande, mit einem dunklen Tuch um den Kopf, wie es die Frauen der Bergvölker tragen. Sie hält mir das Kind, das sie auf dem Arm trägt, entgegen, möchte offenbar, daß ich es fotografiere. Die alte Frau lächelt mich an mit traditionell schwarz gefärbten Zähnen, eine stolze Großmutter, die diesen wichtigen Augenblick in ihrem Leben festhalten möchte. Das kleine Mädchen hat ein Pfirsichgesicht; es trägt einen fröhlich geblümten Hosenanzug und einen modisch runden, keinen kegelförmigen Reisstrohhut auf seinen schwarzen Haaren.

Im Kunstmuseum

Eine Stunde später betrachte ich ein Bild von Si Ngoc, der 1956 mit seinem Ölbild den ersten Preis gewann: Ein junger Soldat erhält eine Schale Reis von einer alten Frau, einer Bäuerin. Zeitgenössische Kunst in Vietnam, das ist zunächst einmal Darstellung des revolutionären Kampfes, oft in traditioneller, ja konventioneller Technik, die – zum Beispiel bei der Lackmalerei – oft in merkwürdigem Kontrast steht zum Motiv des Bildes. Die reichverzierten Trachten der Bergvölker, kunsthandwerkliche Preziosen aus der feudalen Epoche oder kräftige Volksdrucke auf Bambuspapier mit Hähnen und Kindern, Ringkämpfern und lustigen blauen Schweinen in der historischen Abteilung geben Einblick in die künstlerische Vielfalt des Landes in der Vergangenheit. Die Gegenwart bietet nur in wenigen Fällen mehr als politische Gebrauchskunst, Agitprop, und zeigt selbst auf diesem Gebiet (zum Beispiel im Vergleich mit Lateinamerika), wie abgeschnitten Vietnam ist von der internationalen Kunstdiskussion. Folgen eines dreißigjährigen Kriegs?

Nationale Minderheiten

Das Zusammentreffen mit Vertretern der nationalen Minderheiten in Vietnam steht unter einem traurigen Stern, schon von den äußeren Umständen her. Wir müssen uns hier im Hotel Hoa Binh verabreden, denn die beiden Herren, die mich im Auftrag der Partei über die Situation der Nationalitäten im heutigen Vietnam informieren sollen, verfügen offenbar nicht über ein eigenes Haus, in dem sie mich empfangen können. Wir sitzen uns kurz nach zwei Uhr in einem öden, bläulich getünchten Nebenraum des Hotels an einem langen weißgedeckten Tisch gegenüber, während sich draußen mit dröhnendem Gehupe Lastwagen und Regierungsautos ihren Weg durch die nie abreißenden Ströme der Radfahrer bahnen.

Ich habe, was mir bisher noch nie passiert ist, vergessen, mir die Namen der beiden Vertreter aufzuschreiben. Doch was sie zu sagen haben, trägt ohnehin so sehr den Stempel der Partei, daß es genügt, sie als deren Repräsentanten zu verstehen. Sie arbeiten für das Nationalitätenkomitee und haben, wie es scheint, keinerlei Probleme mit ihrer Aufgabe, »die verschiedenen Nationalitäten auf der Basis der Gleichberechtigung zu einen, damit die nationale Unabhängigkeit zu schützen und das Wohl und Glück für das gesamte Volk zu sichern«. Diese Politik werde seit nunmehr fünfzig Jahren folgerichtig durchgeführt. Unter der direkten Führung der Regierung, nicht irgendeinem Ministerium untergeordnet, beraten und kooperieren sie mit ihr in kulturellen, wirtschaftlichen und sozialen Fragen, um das Zusammenleben der Minderheiten mit der Mehrheit im Land zu fördern. Auch mit einem Unterausschuß der Nationalversammlung, der seinerseits den Status eines Ministeriums hat, arbeiten sie zusammen.

Die Institutionenkunde ist vollständig: das ethnologische Institut, das Komitee für Sozialwissenschaften und deren verschiedene Funktionen in der Forschung werden mir so beschrieben, als hörte ich dies alles zum ersten Mal.

Mit großem Ernst und mit Sachkunde und ohne das geringste Interesse für meine Vorkenntnisse fährt der Sprecher fort, mich zu unterrichten: Auf der Grundlage der Sprache unterscheide man neuerdings vierundfünfzig Nationalitäten – nicht wie noch vor wenigen Jahren sechzig –, die man ihrerseits in drei Gruppen unterteile; die Zuordnung zu ethnischen Gebieten bedeute allerdings nicht, daß dort jeweils nur eine Ethnie zu Hause sei (manchmal, wo es wenige wären, seien es fünf oder sechs). Die Verteilung der ethnischen Gruppen im Land wird beschrieben und deckt sich mit meinen Vorstellungen.

Dann aber muß ich hinzulernen: Früher habe man immer angenommen, die Viet-Sprache habe ihre Wurzeln in der Sprache der Han, die von den Chinesen oder Vietnamesen chinesischer Abstammung gesprochen wurde. Jetzt hätten Linguisten herausgefunden, daß dies nicht stimme; zwar habe sie Wörter aus dem Han-Vokabular übernommen, in ihren Ursprüngen jedoch sei sie vietnamesisch. – Wann hat man das herausgefunden, will ich wissen, und durch wen? Noch 1975 hätte ich in einer Publikation des Fremdsprachenverlags in Hanoi (»Die Demokratische Republik Vietnam«) gelesen, das kulturelle Vokabular der vietnamesischen Sprache sei wie bei allen fernöstlichen Sprachen chinesischen Ursprungs.

Dies seien in der Tat neue Forschungsergebnisse aus dem Jahr 1978; eigene vietnamesische Linguisten hätten sie gemeinsam mit dem französischen Anthropologen Haudricourt erarbeitet. Mit Nachdruck wird mir erklärt, wie wichtig diese Ergebnisse sind: So könne man jetzt sagen, daß die chinesische Zivilisation hier im Lande von der vietnamesischen Kultur assimiliert worden sei und das vietnamesische Volk also nicht von der chinesischen Kultur »zivilisiert« worden wäre. Eine Schlußfolgerung, der sie außerordentliche Bedeutung beimessen: »Sehen Sie, das erklärt, warum nach zehn Jahrhunderten chinesischer Herrschaft das Volk Vietnams vietnamesisch geblieben ist.«

Schon gestern, in der Historischen Fakultät der Universität von Hanoi, hatte mir der Vizepräsident, ein Ethnologe, dasselbe gesagt. Von den Nationalitätenvertretern hätte ich allerdings eher erwartet, daß sie mir zunächst einmal die eigene kulturelle Identität erläutern. Als sie dann endlich auf die Lage der Minderheitenvölker zu sprechen kommen, entwickeln sie, in Geschichte und Gegenwart, ein Bild brüderlicher Eintracht: Gegen die chinesischen Feudalisten, vor denen viele dieser Völker nach Vietnam geflohen seien, habe man sich immer wieder vereinigt, um die Invasoren abzuwehren; bemerkenswert an der vietnamesischen Gemeinschaft sei gewesen, daß ihre Mitglieder sich im Verlaufe der Jahrhunderte und durch allen historischen Wandel hindurch gegenseitig geholfen hätten und einander sehr zugetan gewesen wären. Seit der ersten chinesischen Dynastie der Chin im 3. Jahrhundert vor unserer Zeitrechnung sei diese Einigkeit vielen Prüfungen ausgesetzt gewesen. Schöne, heile Welt der Minderheiten...

Draußen höre ich Kinderstimmen, laut und lebendig; sie spielen und sie streiten sich wie Kinder überall in der Welt. Warum mache ich keine Einwände? Warum lasse ich diesen toten Vortrag über mich ergehen? Noch immer frage ich mich, ob sie, nach ihrem Monolog vielleicht, nicht doch noch an einem Gespräch interessiert sind, ihrerseits Fragen stellen.

Das Grundmuster – nationale Geschichte als Ideologie – wird konsequent weiter ausgeführt: Auch die Minderheiten an den Grenzen zu Laos oder im Süden stellten sich unter den Schutz vietnamesischer Könige, um ihre Feinde zu bekämpfen. Vietnamesische Siedler hätten dort die Urwälder erschlossen. Was die Khmer anbelange, die heute in Vietnam lebten, so sei das eine andere Sache. Nachdem die Vietnamesen im 16. und

17. Jahrhundert in den Süden gewandert seien, hätten die wenigen dort lebenden Khmer aus Dankbarkeit für Schutz und Hilfe den Vinh-Prinzen »sozusagen einen Teil ihres Territoriums geschenkt«.

Seit der Gründung der Kommunistischen Partei Indochinas (1930) habe man, so fahren sie zufrieden fort, »der korrekten Regelung der Nationalitätenfrage« große Aufmerksamkeit gewidmet und sie als eine Aufgabe von strategischer Bedeutung erkannt. Die Partei habe versucht, günstige Bedingungen für die Überwindung der noch bestehenden Unterschiede in Wirtschaft und Kultur zu schaffen.

Gehupe auf der Straße unterbricht für eine Weile diese Darlegungen. Ich will mich nun doch nach der Herkunft der beiden erkundigen und was sie unter dem »Fortschritt« verstehen, den sie für ihre Völker anstreben. (Mein Problem ist ihre Problemlosigkeit.)

Die Sprecher gehören der relativ starken Minderheit der Thai und der Nung an, vertreten aber ihren Standpunkt im Namen der Partei; seit 1954 habe sie den ethnischen Gruppen in den Bergregionen geholfen, Schritt zu halten mit der Bevölkerung des nördlichen Deltas; 1976, auf dem vierten Kongreß, habe die Partei Richtlinien der Politik gegenüber den ethnischen Minderheiten im gesamten Land formuliert; die im neuen Verfassungsentwurf enthaltenen »gleichen Rechte und Pflichten« der Nationalitäten seien ein Beitrag zu ihrer vollen Integration. Obgleich keine »autonomen Zonen« mehr vorgesehen sind, genießen sie das Wahlrecht und »alle Rechte der Repräsentation«.

Das kulturelle Niveau der Nationalitäten sei im allgemeinen sehr niedrig gewesen: fünfundneunzig Prozent Analphabeten, kaum Schulen, keine Universitäten, schlechte gesundheitliche Bedingungen (Malaria); nach fünfunddreißig Jahren revolutionärer Praxis habe sich die Situation zum Guten gewandelt; heute gebe es in jedem Dorf eine Grundschule; Zweisprachigkeit werde ermutigt.

Was sie denn unter »kulturellem Niveau« verstünden? Überhaupt, von welchem Kulturbegriff sie denn ausgingen? Schließlich bestünde »Kultur« ja nicht nur darin, Schrift zu besitzen... Ob es nicht gerade im Süden mit der »Assimilation« besondere Probleme gebe? frage ich.

Die Antwort: »Was werden denn die Stammesvölker durch die Assimilation verlieren? Es ist ihre Rückständigkeit. Sie trugen früher nicht einmal Kleidung. Was ihr kulturelles Erbe anbetrifft, so haben sie nichts zu fürchten. Ihre Literatur wird bewahrt, ihre Überlieferung gesammelt.« Im Norden gibt es inzwischen Hochschulabsolventen; siebenunddreißig Angehörige der Minderheiten haben ihren Doktor gemacht oder sind Kandidaten; viertausend von ihnen haben eine höhere Bildung genossen. In der Nationalversammlung sind sie mit vierzehn Prozent der Volksvertreter bei nur zehn Prozent der Bevölkerung überrepräsentiert.

Und gibt es keine Probleme mit der kulturellen Identität? Keine Auseinandersetzungen mit dieser Frage auf internationaler Ebene? Welchen Austausch haben die Nationalitäten mit ethnischen Minderheiten in anderen Teilen der Welt, Indianern oder Aborigines zum Beispiel? Gibt es Kontakte zum »World Council of Indigenous Peoples«, der »Internationale der Vierten Welt«?

Ich muß erläutern, was ich mit diesen Fragen meine. Im sozialistischen Vietnam hat das Nationalitätenkomitee von dieser Entwicklung, die seit Beginn der siebziger Jahre weltweit bedeutsam wurde, nichts vernommen. Folgen eines dreißigjährigen Kriegs, der mehr als nur materielle Schäden hinterließ.

Nachtrag (1980)

Im Grenzkrieg zwischen China und Vietnam ist die Loyalität der Bergvölker erneut zum Thema geworden. Die jahrzehntelangen Bemühungen der DR Vietnam, die strategisch bedeutsamen Gebiete im Grenzbereich friedlich zu integrieren, sind durch die jüngsten Ereignisse in Frage gestellt. Die Nationalitätenpolitik Vietnams schien mit der Einrichtung von autonomen Zonen einen modellhaften Weg zu weisen, der der Assimilationspolitik anderer Staaten in Südostasien überlegen war. Aus der Sicht der Staatsvölker Hinterindiens bedeuteten die Stämme in den Bergen immer eine Gefahr, und sie stellen auch heute in mehrfacher Hinsicht ein Problem und eine Bedrohung dar, wirtschaftlich durch ihre extensiven Anbaumethoden, die Brandrodung vor allem; politisch und strategisch durch ihre die Grenzen nicht respektierenden Ansiedlungen im unwegsamen Dschungel.

Bis zum Zeitpunkt der Wiedervereinigung 1976 war die Nationalitätenpolitik der Demokratischen Republik im Norden

Vietnams relativ erfolgreich. Inzwischen hat sich das Blatt gewendet. Die im letzten Fünfjahresplan vorgesehenen Umsiedlungsaktionen, die die Siedlungsdichte in den Deltas und die Übervölkerung der Städte beheben helfen sollen, werden Millionen Vietnamesen ins zentrale Bergland oder andere dünn von Minderheiten besiedelte Regionen bringen. Gesellschaftliche Sonderrechte der Stämme werden zugunsten des im neuen Verfassungsentwurf geforderten Prinzips: »gleiche Rechte, gleiche Pflichten« abgebaut. Nicht Eigenständigkeit und Selbstbestimmung, sondern Integration durch Assimilation der ethnischen Gruppen stehen auf der Tagesordnung, wie überhaupt die basisdemokratischen Elemente der Revolution immer mehr zugunsten eines bürokratischen Zentralismus verschwinden.

Der Umgang mit Minderheiten und Frauen ist für mich der Gradmesser für die Humanität einer Gesellschaft, ihre soziale Gerechtigkeit und Toleranz. Als ich 1977 mein Visum für einen Besuch im befreiten und wiedervereinigten Vietnam beantragte, stand daher für mich die Nationalitätenpolitik der Regierung und die Lebensweise der Stämme, der Bergvölker im Norden vor allem, im Mittelpunkt meines Programms. Ich wollte am Beispiel der Meo-Kooperative von Pu Nhung (im Lai Chau Distrikt) mit eigenen Augen sehen, wie es um die Praxis dieser Politik bestellt ist.

Heute ist es wohl illusorisch zu erwarten, man würde als Besucher, Journalist oder Anthropologe, mehr als die offizielle Version über die Lage von Minderheiten erfahren können. Durch den Grenzkonflikt mit China und den Krieg in Kambodscha sind sie wiederum – und in verstärktem Umfang – zwischen die Fronten geraten.

In Gesprächen, die ich in Vietnam führte, wurden die Bergvölker an der Grenze zu China durchaus unterschiedlich beurteilt. Einerseits wurden Vorwürfe erhoben: China habe sie aufgehetzt und ihre Loyalität gefordert; viele hätten sich als Spitzel und Agenten für China betätigt, den Feinden den Weg in die Dörfer gewiesen. Andere dagegen lobten ihre Treue und Zuverlässigkeit; man verdanke ihnen die Standfestigkeit und die Widerstandskraft in der Region. In den jüngsten Publikationen, in Vietnam und außerhalb, in Hongkong oder Bangkok, waren die Meldungen über sie nicht weniger widersprüchlich; oft waren sie zugleich Agenten des Imperialismus, Chinas, der CIA oder Vietnams. Die von den Amerikanern im Stich gelassenen Kämpfer der FULRO im Süden Vietnams leisten weiter Widerstand und hoffen auf das ihnen versprochene eigene Reich; oder, wie man mir in Hanoi immer wieder gern erzählte, sie werden von ihren Mädchen mit Heiratsversprechungen zu einem friedlichen Leben in den Dörfern verlockt.

Saigon

Aus dem Tagebuch

Reise nach Ho-Tschi-Minh-Stadt (wie Saigon heute heißt, aber nicht ganz konsequent genannt wird). Aufbruch zum alten Flughafen gegen fünf Uhr. Die Straßen sind noch dunkel. Viele Läufer unterwegs: Jogging. Frühsport allenthalben; in Flugplatznähe bekommt er militärischen Charakter. Autos und Lastwagen im Dienst von Kadern und Militär, Sprittransporte. Kontrollen. Zum ersten Mal ein Hauch von Krieg. Kasernen. Baracken. Soldaten am Schlagbaum des Airport. Aber ohne viel Aufhebens. Sparta scheint weit zu sein. Ist es aber nicht. »Hanoi – Lang Son 148 km.« Beim Warten lese ich das Dossier: *»Chinese Aggression – 1979«*. Darin Zitat: »Unsere Religion ist der Patriotismus.« Genauer und schärfer hätte ich es nicht sagen können. Auch die Metapher von den Thermopylen wird von den Vietnamesen ausgiebig gebraucht.

Der für sieben Uhr geplante Flug wird aufgeschoben, mehr als zwei Stunden. Zwei Schweden sind mit von der Partie: Sven Öste vom *Dagens Nyheter* und eine Kollegin aus Göteborg. Unser Gespräch wird plötzlich vom Protokollkader unterbrochen. Herr Khanh bedeutet dem Schweden, er dürfe nicht auf dem kleinen Tisch sitzen, sein Fuchsgesicht mit den schwärzlichen Zähnen lächelt bemüht. Auch dem Dolmetscher ist Spontaneität unheimlich. Fragen nach seinen persönlichen Auffassungen oder Gefühlen – zum Beispiel beim Abschied von seiner Frau in Hanoi – beantwortet er mit allgemeinen Darlegungen gemäß den Parteirichtlinien oder gar nicht. (So bringe ich ihn ungern weiter in Verlegenheit, wenn es um »private« Dinge geht.)

Der Flug ist eine Reise in meine Vergangenheit: Reisbauern und Mandarine, der Marsch in den Süden, das Bergland mit seinen Dschungeln und Felsen, mit seinen kaum erforschten Bewohnern – lange Jahre meines Studiums tauchen auf in der Erinnerung. Irgendwo unter mir liegen Annam, der legendäre Wolkenpaß, die alte Kaiserstadt Hué, die verwüsteten Felder diesseits und jenseits des siebzehnten Breitengrads, der aufgehört hat, den »Smaller Dragon« – den kleineren Drachen – mittendurch zu zerteilen.

Ich lasse diesen Gefühlen nur kurz Raum. Noch vor wenigen Jahren wäre dieser Flug von Hanoi nach Saigon unvorstellbar gewesen. Und mein Wunsch, die Menschen und ihr Land mit eigenen Augen zu sehen, unerfüllbar. Damals gab es auch die Hoffnung, es werde sich hier in Vietnam, wenn erst einmal Frieden ist, nicht die Misere aller bisherigen Revolutionen wiederholen. War das politischer Romantizismus? Oder einfach der Versuch, das eigene Menschen- und Geschichtsbild nicht fatalistisch festzulegen?

Die Berge dehnen sich aus im gleichen dunklen Grün bis in den blaßblauen, dunstigen Himmel; kleine dünne Wolken hängen wie verlorene Federn zwischen Tälern und Gipfeln; kleine bräunliche Schlangen winden sich als Flüsse in die Ebene. Hier flogen die Bomber; auch Laos ist nicht weit... Ich kann mich nicht in die Lage solcher Piloten versetzen. Bombentrichter, Entlaubungen, Guerillapfade, Bergfestungen und Dörfer, das alles liegt unter mir und hinter mir, als hätte ich eine Sicherheitskette um meine Gefühle gelegt.

Kurz vor Saigon gibt es Flecken und Narben im Grün und im Braun des Bodens, Unregelmäßigkeiten, die schwer zu deuten sind. Kriegswunden?

Die russische Maschine dröhnt. Erster Klasse sitzt eine Delegation aus der UdSSR. Sonst ist das Flugzeug voller Vietnamesen. Offiziere, Kader, Männer (die von Hanoi aus im Süden Dienst tun!).

Über Tan-Son-Nhut-Airport dann – gefühlig – russische Musik. Überall noch haben Amerikaner ihre Denkmäler hinterlassen: Kontrollturm, Flughallen, Rollbahnen, Straßen – um nur die Bauten zu nennen. So also sind Amerikaner damals gelandet. Ein breiter Fluß in der Ebene, der tausend Arme zu haben scheint, Vororte, Industrie, Schrottplätze: Ho-Tschi-Minh-City!

Der Pressechef des Außenministeriums, ein untersetzter Mann, typischer Funktionär (man unterschätzt leicht die Bildung solcher Leute) ist zum Empfang erschienen; freundliche Routine.

Die Schweden fahren in einem roten Mercedes mit eigener Begleitung vor uns zur Stadt und wie wir ins Hotel Cuu long, das ehemalige »Majestic« von Graham Greene. Es ist heiß und schwül, aber erträglicher, als ich dachte. Blick auf Fluß und Schiffe aus einem Balkonzimmer im zweiten Stock: Ich sehe drei Sowjetsterne mit Hammer und Sichel. Werftarbeiten, fahrbare Kräne. Das Kreuz einer Kirche am anderen Ufer. Heute schleppen keine vietnamesischen Kulis mehr den Reis auf fremde Schiffe. Lebhafter Verkehr auf den Straßen. Das befreite und degradierte Saigon wehrt sich noch mit seiner Honda-Kultur gegen die Umbenennung in Ho-Tschi-Minh-Stadt.

Vierzehn Uhr: Aufbruch zur Stadtrundfahrt, zum Saigoner Zentralmarkt und nach Cholon, etwa fünf Kilometer von hier entfernt. Ich fühle mich nicht wohl in meiner Haut – immer in Begleitung von zwei Funktionären, denen ich gelegentlich zu entwischen versuche. Wenn ich sie für einen Moment abgehängt habe, werde ich auf dem Gelände des Marktes und in den Straßen angelacht, angefaßt, zum Kaufen ermuntert. Zu Phantasiepreisen gibt es hier alles. In Cholon sehe ich heruntergelassene Läden hinter dem bunten Pflasterangebot. Manchmal schauen mich ein Paar dunkle Augen an: fragend, anklagend, böse...? Ein Frauengesicht unter einem Reisstrohhut – als wollte es sagen: Wer bist du? Was führt dich hierher? Was willst du von uns? – Erinnerung an die Franzosen? Erfahrungen mit den Amerikanern oder heute mit den Sowjetmenschen, die ähnlich breitspurig auftreten, etwas hölzerner vielleicht als ihre Vorgänger? (Ich fotografiere mit schlechtem Gewissen, aus Pflicht gegenüber den Freunden.)

Zur Lage der Stadt (1979)

Gemeinsam mit den beiden Schweden nachmittags Empfang beim Volkskomitee von Ho-Tschi-Minh-City. Intensive Befragung zur Situation der Stadt: Arbeitslosigkeit, Versorgung mit Nahrungsmitteln, Kriegsopfer, Buddhisten, Flüchtlinge, Hoa (Vietnamesen chinesischer Abkunft) – alles kontroverse, oft schmerzende Themen. Der Vorsitzende, Herr Le Quang Chanh, gibt Auskunft: Von vierhunderttausend Arbeitslosen sei man bereits auf zweihunderttausend gekommen, in einem Jahr will man das Problem gelöst haben. Und wie? »Wir ermutigen die Leute, in die Neuen Ökonomischen Zonen zu gehen, in ihre Heimatdörfer zurückzukehren, kleine Betriebe aufzumachen, die Gebrauchsgüter und landwirtschaftliche Maschinen herstellen.« Unterbeschäftigung sei ebenfalls ein großes Problem: »Viele junge Leute sitzen den ganzen Tag in den Cafés herum, leben von ihren Familien.« Man plane eine technische Schule für die Ausbildung von Arbeitern; man will außerdem ungenutztes Land in der Nähe der Stadt erschließen.

In der Versorgung hat das Jahr 1978 mit seinen Naturkatastrophen große Schwierigkeiten verursacht. Die Folgen der Überschwemmungen sind bis heute spürbar. Jeder Bewohner Saigons erhält neun Kilogramm Grundnahrungsmittel (Reis, Nudeln, Weizenmehl); der Anteil von Reis liegt in diesem Jahr bei vier Kilogramm pro Monat.

Wo denn die Kriegsinvaliden geblieben seien? fragt die Schwedin; man sehe keine Verletzten ohne Beine, ohne Arme, ohne Augen. – »Bei ihren Familien oder in der Fürsorge des Staats«, lautet die Antwort. Die Betreuung sei die gleiche für die Angehörigen der Befreiungsarmee wie für solche der Thieu-Armee (was aber nicht stimmt; die Leiterin der Kriegsopferbehörde, Frau Duy Lien, gibt mir in einem Gespräch später zu, daß die eigenen Leute Vorrechte genießen.)

»Wir ermutigen die buddhistischen und katholischen Einrichtungen, mit uns in der Vaterländischen Front beim Aufbau des Landes zusammenzuarbeiten«, erklärt der Vorsitzende weiter; Buddhisten und Katholiken hätten bereits große Beiträge dazu innerhalb ihrer Organisationen geleistet. Er verschweigt dabei, daß alle ihre Einrichtungen inzwischen praktisch von der Partei übernommen worden sind. (Aus dem katholischen Waisenhaus Go Vap zum Beispiel wurde eine Schule für die Umerziehung von Prostituierten; fünfhunderttausend sollen es bei Kriegsende gewesen sein.)

Die Umwandlung der kapitalistischen Wirtschaft in der Stadt ist das nächste Thema, das uns sofort auf die Flüchtlinge bringt. Die Verstaatlichung des Handels im März 1978 entzog vielen kleinen Unternehmern und Geschäftsleuten die Existenzgrundlage. Von einem Tag zum nächsten standen die Betroffenen vor der Wahl, »sich an der Produktion zu beteiligen« (wie man ihnen sagte) – und das bedeutete für viele im Klartext, auf dem Lande zu arbeiten –, oder aber zu sehen, wo sie blieben. Da sie offiziell kein Ausreisevisum erhalten konnten, entschlossen sich viele für das Risiko der Flucht. Dazu der Vorsitzende: »Sie verließen das Land, weil sie das Gefühl hatten, sie könnten es woanders besser antreffen, in der Bundesrepublik Deutschland, Frankreich, Australien... sie verloren die Geduld.« Illegale Organisationen hätten sie unterstützt.

In der Frage nach den Ursachen der Massenflucht kommt es, unvermeidlich, zum Clinch um Widersprüche. Auch wenn man die Notwendigkeit einer Umstrukturierung der Wirtschaft nach diesem Krieg anerkennt – besonders in Saigon, das lange vom Krieg lebte –, muß man doch fragen, ob sie mit dieser Härte geschehen mußte, in einem Klima von Mißtrauen und Angst, dem inzwischen vor allem die Hoa ausgesetzt sind. Die Mischung aus wirtschaftlichen und politischen Motiven ist heute vermutlich ebenso schwierig zu entwirren wie seinerzeit bei der Flucht aus der DDR, vor und kurz nach dem Mauerbau.

Saigon: »Boat people«

Die Öffentlichkeit nimmt zu Hause nur noch Kenntnis von Vietnam, wenn von den »Boat people« die Rede ist. Joan Baez geht so weit, von einem »Holocaust in Indochina« zu sprechen. Peter Weiss hat mit seinem kritiklosen Plädoyer für die offizielle Linie der Parteiführung und ihrer Politik China und den Flüchtlingen gegenüber dem vietnamesischen Volk wohl eher einen Bärendienst erwiesen. Nun bin ich hier, in Saigon: Ich muß mich diesen Fragen stellen, das ist eine Sache der Glaubwürdigkeit.

Keine Frage, Peter Weiss hat recht, wenn er auf die allgemeine Notlage im Land nach nun fast vierzig Jahren Krieg (seit dem Einfall der Japaner im Zweiten Weltkrieg) verweist; sie in Erinnerung zu rufen, ihre Ursachen zu sehen und zu verstehen, ist Pflicht für jeden, der sich nicht einer doppelten Moral schuldig machen will. Die Kriegszerstörungen und ihre Folgen: vernichtete Dörfer, vergiftete Felder und Wälder; das soziale Elend in den Städten wie Saigon mit ihren Arbeitslosen, Kriegsinvaliden, Witwen, Drogenabhängigen, Prostituierten; schließlich die Naturkatastrophen, die ebenfalls als Folge des Krieges durch die Zerstörung von Deichen, durch die Entlaubungsaktion und brachliegende Äcker verschärft wurden – das alles hat dazu beigetragen, das Leben nach dem Ende des Kriegs, »nach der Befreiung« (wie es hier in Saigon, der heutigen Ho-Tschi-Minh-Stadt, offizielle Zeitrechnung ist) für alle Bewohner schwerzumachen. Schwerer selbstverständlich für diejenigen, deren Lebensgrundlage der Handel war. Schwieriger und unmöglich für diejenigen, die ihre Geschäfte mit dem Krieg gemacht hatten, vom kleinen Straßenhändler, der Zigaretten verkaufte, bis zum Schwarzmarkthändler großen Stils. Die wirklich dicken Kriegsgewinnler jedoch dürften kaum das Kommen der Kommunisten abgewartet haben. Sie haben längst wie Nguyen Cao Ky ihre florierenden Restaurants oder Geschäfte anderswo, in Kalifornien oder Paris.

Was also ist passiert?

Als Erklärung für die Massenflucht – die es angesichts jeder hier diskutierten Zahlenangabe ja bleibt, ob es nun »nur« zwanzig bis dreißigtausend gewesen sind, wie das Stadtkomitee behauptet, oder das Zehnfache, wie andere Beobachter meinten – werden zum Teil widersprüchliche, meistens aber die gleichen Gründe angegeben: Erstens: Überreste der imperialistischen Lebensweise; zweitens: die fehlende Bereitschaft der Händler, das bequeme Leben durch Ausbeutung anderer aufzugeben; drittens: die fehlende Bereitschaft, in Fabriken und »Neue Ökonomische Zonen« zu gehen und dort produktiv zu arbeiten; viertens: die Unruhestiftung und Hetze durch »die Führungsclique in Peking«. Der Verlust an Intelligenz, der ›Braindrain‹, so wird gern betont (vor allem hier in Saigon), sei »minimal« und könne leicht durch eigene Kader und Nachwuchskräfte ersetzt werden.

Immer wieder – und eigentlich vorherrschend – werden die Hoa als zweifelhafte, kriminelle oder unzuverlässige »Elemente« beschrieben. In allen Gesprächen war herauszuhören, daß sie im Grunde unbeliebt sind, daß man sie ablehnt. Im Heim für die Umerziehung von Drogenabhängigen zum Beispiel erklärte uns der Direktor, Herr Nguyen Thanh Tan, der Drogenhandel sei überwiegend in den Händen der Hoa gewesen, in Orten wie Cholon oder außerhalb der US-Militärbasen (Than Son Nhut oder Nathrang). »Warum der Hoa?« frage ich. »Er gehört zum Lebensstil der Reichen«, lautet seine Antwort. Vorher hatte er den Amerikanern die Schuld an der Drogensucht gegeben: »They wanted to kill our fighting spirit«; dann aber mußte er zugeben, daß es unter den Amerikanern wie unter den Hoa jeweils sowohl Dealer wie Benutzer, also Opfer von Drogen gegeben habe, früher beim Heroin; beim Opium jetzt. Auch im Zusammenhang mit der Prostitution wurde ähnlich argumentiert und die nach dem Abzug der Amerikaner verbleibende, offenbar immer noch beträchtliche Prostitution mit dem »imperialistischen Erbe« und den Umtrieben der Hoa erklärt. Nicht die Tatsache, daß man nach eingängigen, oberflächlichen Erklärungen sucht, ist das Deprimierendste daran, sondern die stereotype Bezugnahme auf die ethnischen Chinesen, »die an allem schuld sind« (wie bei den Nazis die Juden).

»Schule zur Wiederherstellung der menschlichen Würde der Frau«

So lautet, genau und befremdlich, die Bezeichnung der Einrichtung, die heute auf meinem Programm steht. Sie ist sicher gut gemeint; eine Antwort auf die soziale Hinterlassenschaft des Kriegs in Südvietnam, zu der Tausende von Prostituierten gehörten, die in den Bars und Amüsierbetrieben der Amerikaner ihren Lebensunterhalt verdienten. Viele von ihnen waren vor den Bomben in die Stadt geflüchtet und konnten nur so ihre Familien ernähren. Vor Jahren hatte die Theologin Dorothee Sölle von einer derartigen Einrichtung in Nordvietnam berichtet. Nach dem Abzug der französischen Truppen habe man diese Mädchen als Kriegsopfer betrachtet, wie Verwundete mit Liebe umsorgt und geheilt und für einen Beruf ausgebildet.

Ich war von diesem Konzept beeindruckt und wollte nun bei meinem Besuch in Ho-Tschi-Minh-Stadt eine solche »Schule« kennenlernen. Hier, so dachte ich, würde ich für meine These, daß der Umgang mit Minderheiten und Frauen den sozialen Zustand einer Gesellschaft reflektiert, wichtige Anschauung finden. (Zu diesem Zeitpunkt wußte ich noch nicht, daß diese Schulen offenbar zum Standardprogramm für ausländische Besucher gehören, die Mädchen dort also gewissermaßen ausgestellt werden.)

Mit weiblicher Verstärkung, einer schwedischen Kollegin, mit der ich mich, zur Irritation der Kader, spontan verabredet hatte, machte ich mich am frühen Sonnabendmorgen auf den Weg. Der Besuch entwickelte sich zu einem Lehrstück, das alle am Programm Beteiligten möglicherweise noch länger beschäftigen wird. Es war von Regelwidrigkeiten bestimmt, die auf der Rückfahrt dann selbst den Dolmetscher zu ungeahnter Meinungsfreude verführten und zum eigenständigen Gesprächspartner machten. Nachdem nämlich so viel von der »Würde der Frau« gesprochen worden war, hatten wir uns nach der »Würde des Mannes« erkundigt, der ja in diesem Geschäft immer Teilhaber war. Wer, so fragten wir etwas scheinheilig an, sei eigentlich für seine »Würde« zuständig, und was würde getan, um sie wiederherzustellen? Es zeigte sich, daß man über solche

Fragen in Parteikreisen offenbar noch nie weiter nachgedacht hatte. Ähnlich verhielt es sich übrigens auch mit der Berufsausbildung für Mädchen in ausschließlich traditionellen Fertigkeiten, die überall als »leicht« gelten und schlecht bezahlt werden.

Es gebe nun einmal Unterschiede zwischen Männern und Frauen, erklärten unsere Begleiter. Und »natürlich« gebe es Arbeiten, für die Mädchen besser geeignet seien; schon die physischen Kräfteverhältnisse sprächen dafür. Viel war von »weiblicher Natur« und vom »weiblichen Wesen« zu hören. Auch im Tierreich könne man entsprechende Beobachtungen machen; das seien doch biologisch bedingte Tatsachen.

Daß Frauen Kinder kriegen, war »natürlich« nicht zu bestreiten; daß sie deshalb aber auch, sozusagen automatisch, die besseren Betreuer und Erzieher sein müßten, wollten wir nicht ohne weiteres akzeptieren. Aber die Vorstellung, daß es zur Gleichberechtigung gehören könne, auch junge Männer als Kindergärtner auszubilden, brachte die Kader zum Lachen. Erst der vorsichtige Hinweis darauf, daß die Betonung der Biologie auch populärer Bestandteil von Hitlers Denken war, daß umgekehrt aber gerade Karl Marx sein Menschenbild aus Geschichte und Lernfähigkeit abgeleitet habe, ließ sie die Frage wieder mit etwas mehr Ernst betrachten. Unser Gespräch kehrte in »seriöse« Bahnen zurück.

Zum Thema Arbeitsteilung nach Geschlechtern erfuhren wir sodann, es gebe eben nicht genügend gut ausgebildete Frauen für manche Berufe. Das liege nur zum Teil an männlicher Borniertheit und alten Vorurteilen; zum Teil seien die Frauen selber dafür verantwortlich: Es fehle ihnen an Selbstbewußtsein.

Und warum? – Wir sprechen über die Kindheit im »sozialistischen« Vietnam. Noch immer steht der »Stammhalter« im Mittelpunkt der Familie, ja er kann offenbar sogar (als einziger Sohn) vom Wehrdienst freigestellt werden. Der kleine Junge bekommt von der Genossenschaft einen Bonus fürs Büffelhüten; fürs Kinderhüten erhält das kleine Mädchen keine besondere Anerkennung.

Und warum wird auch heute noch im Norden Vietnams eine große Zahl junger Mädchen für typische Frauenarbeit ausgebildet? In der zwanzig Jahre alten Genossenschaft Yen So, einem Musterbetrieb im »sozialistischen Wettbewerb« vor den Toren Hanois, hatte ich zuvor eine Werkstatt besucht, in der die Mädchen dicht an dicht vor ihren Teppichrahmen saßen, acht Stunden an sechs Tagen. Wie in einem zentralen Büroschreibsaal die

Anschläge, wurde hier die Leistung nach Knotenzahl bewertet, viertausend bis viertausendfünfhundert täglich. Das ist eine harte Arbeit. Aber warum gilt bei der Bezahlung noch heute Muskelkraft so viel mehr als Geschicklichkeit und Konzentration? Das männliche Normen- und Bewertungssystem ist gerade in diesem ländlichen Bereich noch nirgendwo in Frage gestellt.

Aber nun zurück zur »Schule«, in der »die menschliche Würde der Frau« wiederhergestellt werden soll. Wir erfahren: Sie wurde 1976 in der Absicht gegründet, den vielen Prostituierten der Städte im Süden des Landes bei der Eingliederung in die Gesellschaft zu helfen. Nach der medizinischen Betreuung, vor allem von Geschlechtskrankheiten, werden sie im Lesen und Schreiben, aber auch ideologisch unterrichtet und für einen Beruf ausgebildet. Im ehemals katholischen Waisenhaus Go Vap leben und arbeiten zur Zeit dreihundertfünfzig Frauen zwischen siebzehn und dreißig Jahren, auch einige junge Mütter darunter. Die meisten von ihnen kommen aus armen Familien hierher, »freiwillig«, wie man mir sagte (was immer das heute in Saigon bedeuten mag); andere werden von Jugend- und Frauenorganisationen hierhergeschickt, einige, die sich nicht »bessern« wollen, auch zwangsweise. Später sähen sie ein, daß es »gut für sie« sei.

»Es gehört zu den Voraussetzungen der Mitarbeiterinnen hier, daß sie wirkliche Liebe, wirkliche Geduld aufbringen. Wir versuchen, die Mädchen zu ermutigen, zu überzeugen, so daß sie freiwillig bleiben«, erklärt uns die Leiterin des Heims, eine mütterliche, sympathische Frau, die selber Kinder hat, und es fällt nicht schwer, ihr zu glauben. Ihre Stellvertreterin, eine ältere Nonne vom Orden »des Amantes de la Croix de Choquan« nickt zustimmend; ihr freundliches Gesicht drückt Anteilnahme aus. Die junge Lehrerin und dritte Frau am Tisch uns gegenüber verfolgt unser langes Gespräch über Ziele und Methoden ihrer Arbeit mit lebhafter Aufmerksamkeit, redet aber selber nicht mit, wie es hier noch immer üblich ist, wenn ältere und junge Leute zusammenkommen. (Das ist konfuzianische Tradition, die auch die Männer gegenüber den Frauen privilegiert.)

Der Aufenthalt der Mädchen richtet sich nach ihren »Fortschritten« und kann sechs Monate oder anderthalb Jahre dauern; das hängt davon ab, ob sie geheilt sind, ob sie einen Beruf erlernt haben und ob »ihr Denken reformiert ist«.

Laufen viele Mädchen vorher weg? Gehen sie wieder auf die Straße? – »Ja, das kommt vor, in etwa zehn Prozent der Fälle. Sie werden dann zurückgeschickt.«

Ich habe keine Erfahrungen mit solchen gutgemeinten Zwangsschulen, die es in dieser oder jener Form sicher auch bei uns gibt. Die Realität jedenfalls ist deprimierend. Und warum werden diese Mädchen auch hier wiederum für typische Frauenarbeit ausgebildet? Nähen, Weben, Flechten, Sticken – alles wenig einträgliche, zum Teil harte Arbeiten (unseren Leichtlohngruppen vergleichbar).

Beim Rundgang durch die Werkstätten komme ich mir vor wie in einem Gehege trauriger Vögel, die ihre Federn hängen lassen oder die sich ins Geäst verkriechen. Es sind luftige, saubere Hallen. Die Mädchen, manche fast noch Kinder, sitzen über ihre Arbeit gebeugt oder schauen pflichtschuldig auf, wenn man sie anspricht. Manche lächeln zurück.

Eine Weile schaue ich einer Stickerin zu, die ein Stück rosa Seide verziert; die noch immer purpurfarbenen Narben auf ihren Händen und Armen sind Zeugnisse ihrer venerischen Verwundung. Was wird sie fürs Leben hier lernen? Für die Gesellschaft draußen, die noch immer hierarchisch und von Männern bestimmt ist?

»Wir haben doch Gleichberechtigung in unserer Gesellschaft; viele Frauen haben leitende Funktionen – als Ärzte, als Direktoren, als Erziehungsminister gar, wie Frau Nguyen Thi Binh« – das hat man mir oft gesagt, wenn ich solche Fragen stellte. Und es stimmt ja auch, wenn man die heutige Situation der Frauen vor dem Hintergrund ihrer Geschichte betrachtet. Die mythischen Urmütter des Landes, die mit einer großen Kinderschar Vietnam gründeten; die legendären Schwestern Trung, die es gegen fremde Eindringlinge verteidigten, wurden von einer fast zweitausend Jahre währenden männlichen Feudalordnung verdrängt. Gegen deren Spuren wird es überall im alltäglichen Leben noch viel zu tun geben.

»Wenn wir die Frauen-Union nicht mehr brauchen, erst dann ist unser Ziel erreicht«, sagte mir eine der Frauen später zum Abschied.

Ho-Tschi-Minh-Stadt und die Künstler

Als im Programmgespräch von einem Zusammentreffen mit Künstlern die Rede war, hatte ich an Schriftsteller und Maler gedacht. Die Kulturfunktionäre der Stadt aber hatten ihre eigenen, ihnen genehmen Vorstellungen. Drei bildschöne Schauspielerinnen, in nachtblauen, in rosé- und elfenbeinfarbenen Ao Dais erschienen nur wenig verspätet auf der Bühne dieses Empfangs: Der für das kulturelle Leben der Stadt verantwortliche Vorsitzende, Herr Le The Thuong sonnt sich sichtlich im Glanz dieser Gesellschaft, zu der ein paar farblos wirkende Herren den Hintergrund abgeben. Er holt sodann ein umfangreiches Papier aus seiner Tasche und beginnt mit einer sorgfältig vorbereiteten Rede. Mir zu Ehren handelt sie von der Rolle der Frau auf der Bühne des neuen, des »sozialistischen Vietnam«: Vor der Befreiung habe die imperialistische Kultur die Frauen als Objekte und käufliche Wesen dargestellt. Jetzt, nach der Befreiung jedoch sei es nur erlaubt, Stücke auf die Bühne zu bringen, »die gesund und anständig sind«. – Was denn die Frauen dazu meinten, unterbreche ich, sobald sich die erste Gelegenheit bietet, diesen männlichen Monolog. Und die Schauspielerinnen, die ihre eigenen Theatertruppen leiten oder selber Stücke inszenieren, übernehmen freundlich, aber bestimmt auch an diesem Ort gern die Regie.

Ich erfahre etwas über die Stücke, die ihnen zur Zeit besonders am Herzen liegen: ein Theaterstück über die Schwestern Trung zum Beispiel, die als kämpferische Frauen ein historisches Vorbild sind und die zur Identifikation herausfordern sollen. »Das Bild der Frau im heutigen Vietnam ist anders als vor der Befreiung. Es ist geprägt vom Bewußtsein der Verantwortung gegenüber der Gesellschaft, von der Liebe zu ihrer Arbeit, ihrem Mann, ihren Mitmenschen und Kollegen, ihrem Land«, erklärt mir die Schauspielerin Kim Cuong. Und Thanh Thuy Hang führt am Beispiel des Theaterstücks »Tanja« aus, wie das zu verstehen sei: »Nach einem Leben, das erfüllt war von verzweifelter und eigensüchtiger Liebe, findet die Ärztin Tanja ihr Glück in der Hinwendung zu anderen, in ihrer gesellschaftlichen Arbeit.« Das Stück sei sehr populär und würde oft aufgeführt. Sein Erfolg beruhe nicht nur auf der literarischen Qualität, sondern auf der Werthaltung, die es zum Ausdruck bringe: Die Heldin wurde nicht nur eine gute Ärztin, sie wurde zu einer Quelle der Freude für ihre Mitmenschen.

Die literarischen und künstlerischen Einflüsse aus der Sowjetunion sind heute in vielen Bereichen des kulturellen Lebens in Vietnam – bis zur Gefahr der Dominanz (in Theater und Fernsehen) – spürbar. Ich frage nach vietnamesischen Stücken, nach dem modernen Drama, nach Autorinnen... Obwohl es auf diesem Gebiet offenbar Lücken gibt, sind die Schauspielerinnen zuversichtlich: Frauen seien heute nicht mehr nur »wie ein Weidenbaum, schön und biegsam«; sie seien stark, physisch und geistig; sie würden heute kämpfen, auch mit der Waffe, um das Leben zu verteidigen. – Also Heroinen, »Heldinnen« im Wortsinn? Nicht nur auf der Bühne, sondern überall im Leben? Ja, ich muß es wohl so verstehen. Auf diesem Empfang wird das Bild der Heroine jedenfalls sehr ernst genommen, als Kämpferin.

Was »gesund« und »anständig« sei, will ich wissen. Und wie sie im Theater zu Beschlüssen darüber kämen, was sie spielen wollen. – »Alle Schauspieler, die bekannten und erfahrenen ebenso wie die jungen Anfänger« beteiligten sich an der Diskussion darüber. »Auch das Publikum, die Arbeiter und die Bauern« hätten nun Mitsprache, man wolle die Vorstellungen und Wünsche des Volkes berücksichtigen.

Der Vorsitzende fühlt sich etwas beiseitegedrängt und erkundigt sich, halb im Scherz, halb ernsthaft, ob seine Gegenwart bei diesen Fragen störe. – Nein, aber die Frauen verstünden sich gegenseitig rascher und besser, wird er in eben dem gleichen Sinn beruhigt. Das möchte ein bis dahin stummer Mann, ein Komponist, wie sich herausstellt (er hat den Ho Tschi Minh-City Song verfaßt), so nicht gelten lassen: »Männer verstehen Frauen am besten« – und daran habe sich nichts geändert!

In der Aufbruchstimmung kommt es kurz zu persönlichen Fragen. Thanh Kim Hue signiert für mich zwei Bühnenfotos. Hang fragt mich nach ihrer Freundin in der Bundesrepublik, einer bekannten Sängerin, von der sie nichts mehr gehört hat, seit sie das Land verließ. Ich will mich umhören. Sie verspricht mir für morgen ein Foto von sich, möchte mich wiedersehen, will mich noch benachrichtigen. Der Dolmetscher schaltet sich ein. Direkte Kontakte sind – wie ich erst bei dieser Gelegenheit offiziell erfahre – nicht nur unerwünscht, sondern verboten. (Das Ausmaß der Überwachung übersteigt jede nüchterne Erwartung.) Tham Thuy Hang, so gibt mir der Kader nachdrücklich zu verstehen, sei in Saigon ein berühmter Star, der, wo er auftrete, sofort einen Auflauf verursache. Sie hätte das Land verlassen können, ergänzt er mit einem Unterton von Befriedigung, sei aber geblieben.

Unten, vor dem Kulturhaus (mitten in der Stadt) verabschieden wir uns. Hang fährt winkend in ihrem weißen Volkswagen davon. Warum können wir uns nicht – wie normale Menschen – anrufen und verabreden? (Ich beginne dieses System zu hassen.) Mit meiner Begleitung steige ich in den wartenden Regierungswagen und hoffe, daß nach meiner Rückkehr ins Hotel für die Kader dann Feierabend ist.

Wir treffen uns doch noch, wenn auch nicht ohne Aufsicht, im Dachgarten-Restaurant des Hotels. Das Treffen kam in einer Atmosphäre zustande, die mich an Kafkas »Schloß« erinnerte. Die berühmte Schauspielerin, die genug Englischkenntnisse besitzt, um sich mit mir direkt unterhalten zu können, darf nur über den Dolmetscher mit mir reden. Sie erzählt von ihrer Arbeit. Die Presse in Bangkok hätte sie schon totgesagt: Das Regime habe sie ermordet. (Später, in Bangkok, höre ich von Freunden, sie sei doch bei einem Verkehrsunfall in Frankreich ums Leben gekommen.)

Unsere Begegnung, die gewissenhaft von der Schmalseite der Tafel her durch Herrn Ngoc überwacht wird, gäbe Stoff ab für Bühnenstücke oder Filme, in denen die Agentenfurcht umgeht. Nur ihre spontane Art, meine Hand auf dem Tisch zu ergreifen oder meinen Arm zu berühren, konnte der zwischen uns sitzende Mann nicht unter Kontrolle bringen.

Am nächsten Tag kommt sie noch einmal ins Hotel, um mir das signierte Foto zu bringen.

21. Oktober 1979: »China bedroht uns«

Heute früh auf dem Büchermarkt, auf der Suche nach einem Schreibheft und einer Straßenkarte von Saigon, machte ich eine Entdeckung: »Schöne Heimat: Deutschland in Bildern«, ein verstaubtes blaues Buch aus dem Jahre 1959. Wie mag es hierhergekommen sein? Die Fotos zeigen ein ungeteiltes, friedliches Land.

Jedes Land, das ist verständlich, möchte sich dem Fremden gegenüber gern von seiner schönsten Seite präsentieren. Und Vietnam ist ein schönes Land. Ich erinnere mich an den Satz des Weltreisenden und Philosophen Georg Forster, der, sinngemäß, einmal vom Anspruch eines jeden Volkes gesprochen hatte, mit Aufmerksamkeit und Sympathie studiert und beschrieben zu werden.

Nach vielen Jahren engagierter Beschäftigung mit den Problemen dieses Landes, seiner Kultur und seiner Geschichte bin ich nun also hierhergekommen. Der Zeitpunkt meines Besuches hätte kaum weniger glücklich gewählt sein können. Die politischen Beziehungen zwischen Vietnam und der Bundesrepublik sind auf einem Tiefpunkt. Als wir heute morgen das Auto bestiegen, das uns zu einer Gesprächsverabredung mit Frau Nguyen Thi Dinh, Vizeministerin für Kriegsinvaliden und soziale Angelegenheiten, einer führenden Politikerin und ehemaligen Kommandeurin der Befreiungsarmee, bringen sollte, wurde ich zum ersten Mal spontan mit Nachrichten aus der Bundesrepublik versorgt: Hua Guofeng sei gerade in der Bundesrepublik eingetroffen. Wie ich denn das fände, fragt der Protokollkader lächelnd, doch mit schlecht verhohlenem Unmut. Wie ich diese Situation beurteile, will er wissen und scheint zu erwarten, daß ich den Besuch mißbillige.

»Unsere Religion ist der Patriotismus.« Die Haltung der Vietnamesen, ihrer Parteiführung jedenfalls, ist mit diesem oft wiederholten Satz treffend zum Ausdruck gebracht. Dieser Nationalismus hat seine Wurzeln in der Erfahrung, daß China im Laufe einer mehr als zweitausendjährigen Geschichte immer wieder in Vietnam eingefallen ist, es unterdrückt und tributpflichtig gemacht hat. Von daher ist es nicht so schwer zu verstehen, daß nach Lang Son die Emotionen hochkochen, wenn von China die Rede ist. Der Punkt scheint erreicht, wo der nationale Selbstbehauptungswillen umschlägt in Chauvinismus. Es hat sich heute meiner Meinung nach ein Zirkelschluß gebildet. Nach dem Muster der »Self-fulfilling prophecy« schaukeln sich die Ängste gegenseitig auf: Vietnam fühlt sich von China bedroht, Kambodscha und Laos von Vietnam, das aus Furcht vor China Hilfe bei der fernen Sowjetunion sucht, von der sich China bedroht sieht und deren Einfluß in Südostasien es ebenso fürchtet wie die Nachbarn Vietnams – und so weiter. Der Druck Chinas auf Vietnam wird in dem Maße verstärkt, wie die Sowjetunion Einfluß in Südostasien zu gewinnen trachtet. Das politische Spiel mit den vielen Bällen, das Ho Tschi Minh und – auf seine Weise – Prinz Sihanouk noch so kunstvoll beherrschten in diesem strategisch exponierten Feld, ist zu einem groben Poker der Macht entartet. Gestriges Erbfeindschaftsdenken ist an die Stelle besonnenen Analysierens und nüchterner politischer Aktion getreten; von »proletarischem Internationalismus« oder »sozialistischer Solidarität« reden selbst Zyniker nicht mehr. Trotzdem, das Gefühl der Angst ist eine politische Realität.

Mein Eindruck ist auch, daß diese Angst real ist für die meisten Menschen, mit denen ich gesprochen habe. »Das große China will das kleine Vietnam schlucken«, erklärte mir der Dolmetscher Ngoc mit allen Anzeichen der Erregung vor einer Landkarte Südostasiens im Historischen Museum von Hanoi, wie er überhaupt jedesmal besonders aufgeregt spricht, wenn es um das Thema »China« geht. Nie versäumt er es, alle dazugehörigen Attribute aufzuzählen; die »chinesischen Expansionisten und Hegemonisten« stolpern durch alle Sätze. Auch westliche Beobachter sehen den realen Kern der Angst und die Berechtigung dieser Angst nach dem Einfall der chinesischen Truppen im Februar 1979. Lang Son, das mir gleich bei der ersten Programmbesprechung zum Besuch empfohlen wurde, steht für diese Furcht. Die Verbrechen an der Zivilbevölkerung wurden mir von den Sprecherinnen der Frauen-Union voller Abscheu als erstes beschrieben. Als ich bei meinem Fragenkatalog für den stellvertretenden Außenminister Hoan Bich Son aus Gründen der Zeitersparnis bewußt nur drei Themen (nämlich Flüchtlinge, Beziehungen zur Bundesrepublik und zu Südostasien) aufführte, mahnten mich die Kader betroffen, doch auch China auf die Liste zu setzen.

China und die damit natürlich eng verbundene Frage der Hoa haben ausnahmslos alle meine bisherigen Gespräche beherrscht; sie standen meist am Anfang und haben, was ihre Bedeutung anbelangt, längst die Stelle des US-Imperialismus eingenommen, der im Lichte dieser neuen Gefahr schon sehr aus dem öffentlichen Bewußtsein verdrängt und auf einen historischen Platz verwiesen worden ist. (Insofern habe ich als »Westler« auch nicht mehr so akut unter meiner Rolle als Besucher Hanois gelitten, wie Susan Sontag es für sich seinerzeit präzise beschrieben hat.)

Begegnungen unterwegs

Allein unterwegs in Ho-Tschi-Minh-City, wie Saigon heute heißt. Wenn sich in Geschäften herausstellt, daß ich nicht aus der Sowjetunion oder aus der DDR komme (mein Englisch verrät mich rasch), werde ich gern in Gespräche verwickelt. Manchmal versammelt sich eine kleine Gruppe um mich, Verkäuferinnen, andere Käufer. Wie ich Ho-Tschi-Minh-Stadt finde?

Verlegen und besorgt, wegen des »großen Bruders«, der alles sieht und vielleicht nicht unbedingt mich, aber meine Gesprächspartner in Schwierigkeiten bringen kann, weiche ich aus auf mehr persönliche Fragen, berichte von uns, von Problemen, die wir auch in unserem Land haben. »Was für Probleme?« – Zum Beispiel Arbeitslosigkeit, viele ausländische Arbeiter, die sich in unserer Gesellschaft fremd fühlen. »Auch Vietnamesen?« – Ich erzähle, was ich weiß: viel Hilfsbereitschaft am Anfang, aber Schwierigkeiten bei der Integration. Eines der Mädchen hat Freunde in den Vereinigten Staaten, ein anderes Verwandte im westlichen Ausland, Brüder, Schwestern aus einer großen Familie. Eine kluge junge Frau, Typ einer Intellektuellen, die viele Sprachen spricht und jetzt Deutsch lernen möchte, sieht keine berufliche Perspektive für sich. Wozu hat sie etwas gelernt? Auch ihre jüngeren Geschwister gingen nicht mehr gern in die Schule...

Plötzlich wird mir bewußt, daß wir vielleicht schon zu lange miteinander gesprochen haben. Wer hört uns hier zu, beobachtet uns? Ist nicht vielleicht auch eine »Kollegin« dabei, die diese Stimmung der Hoffnungslosigkeit als »Verrat« empfindet? Die Atmosphäre solcher Begegnungen hat etwas Bedrückendes. Was für ein Staat ist das, der seinen Bürgern so mißtraut? Menschen, die so überwacht werden, sinnen auf Auswege: Flucht oder Widerstand. Oder, was nicht weniger schlimm ist, sie verfallen in Resignation und Gleichgültigkeit.

Auch am Empfang des Hotels dieses unbehagliche Gefühl. Das freundliche Mädchen, das mir mit einer Auskunft über Drogerieartikel helfen will, macht sich leicht verdächtig. Ich hatte nach einem Medikament gefragt, da fiel mir ein, daß ich bis jetzt nichts über Empfängnisverhütung erfahren hatte. Ja, die Pille wird propagiert, ist in Drogerien und ähnlichen Geschäften auch zu haben; ebenso »Monatshygiene«, obwohl nicht »die üblichen Tampons, die für uns zu groß sind«. Die

Regierung verteile die Pille kostenlos. Immer, wenn einer der jungen Männer, die den ganzen Tag in der Hotelhalle (wozu wohl?!) herumlungern, in unsere Nähe kommt, wechselt sie das Thema. Ich dachte zuerst, das hätte mit einem gewissen Gefühl für die Peinlichkeit des Themas zu tun. Das kann es auch gewesen sein, aber nun wußte ich ja, welche absonderlichen Blüten die Spionagefrucht treibt und daß es regelrecht verboten ist, mit Vietnamesen »private Gespräche« zu führen. Es wurde mir also klar, daß jedes Gespräch mein Gegenüber in eine prekäre und mißverständliche Situation bringen kann.

Im Rückblick bin ich sehr betroffen, daß ich durch meine Fragen solche Situationen heraufbeschworen habe (und ich bin noch immer voller Wut auf diese Zustände!).

Das an der Rezeption unterbrochene Gespräch wurde übrigens am nächsten Tag doch noch fortgesetzt. Das Mädchen hatte für mich Namen und Hersteller der Pille (aus der DDR) ermittelt (Nurynil). Sie sprach mich von sich aus an, wollte mir offensichtlich einen Gefallen tun, gab mir also diese »subversive Nachricht«. Wie gern hätte ich sie zu einer Tasse Tee eingeladen. Aber die Konflikte und Schwierigkeiten, die sich für sie daraus vielleicht ergeben würden, konnte ich nicht verantworten.

Besuch einer Staatsfarm

Besuch auf der Staatsfarm »Le Minh Xuan«, dreißig Kilometer nordwestlich der Stadt; früher Niemandsland zwischen den Fronten – tagsüber unter Regierungskontrolle, nachts »befreite Zone«; seit 1975 Staatsland. Die neugegründete Genossenschaftssiedlung wurde nach einem gefallenen Helden benannt.

Wir fahren auf der großen Ausfallstraße durch die Vorstädte Saigons Richtung Flugplatz, der noch immer einen befestigten Eindruck macht, vorbei an überladenen Lastwagen, überfüllten Bussen und anderen Transportmitteln, die dicke Wolken aus Abgasen und Staub produzieren, hinaus in eine Landschaft, die allmählich bäuerliche Züge annimmt, Felder, Hütten, Ochsenkarren, Wasserbüffel. Um diese Stunde, zwischen neun und zehn Uhr, macht sie einen friedlichen Eindruck; ich sehe keine Militärkolonnen.

Phan Van Xem, der stellvertretende Leiter der Farm, berichtet über ihre Entstehung: »Wir fingen bei Null an. Das Land war schlecht, sumpfig, achtzig Prozent unter Wasser die meiste Zeit des Jahres. Dazu Bombenkrater, Blindgänger, Minen, die geräumt werden mußten.« Die Familien erhielten vom Staat ein Haus, Trinkwasser; es gab keine Elektrizität. Nahrungsmittel, Saatgut wurden ebenfalls verteilt. Zwei Jahre lang arbeiteten sie abgabenfrei. Pioniereinheiten halfen aufräumen und beim Entschärfen der Bomben. Im November 1975 gab es 1600 Haushalte mit 13000 Menschen. – »Und sie kamen freiwillig?« frage ich. – »Ja, es waren Arbeitslose, ehemalige Diener reicher Herren, Offiziere, Soldaten«, kommt die Antwort prompt. – Und wie steht es mit den Fähigkeiten, mit dem Durchhalten? – Landwirtschaftliche Berater hätten ihnen geholfen. Nur »sehr wenige« seien wegen der schwierigen Bedingungen in den ersten beiden Jahren weggegangen. (Mir fällt auf, daß Zahlen immer dann etwas vage werden, wenn sie sich nicht auf Erfolgsbilanzen beziehen.)

In der Hitze der Holzbaracke, durch die kaum ein Lufthauch weht und die mit Tisch und Stühlen auf nacktem Boden schon einen gewissen Komfort darstellt, gewinne ich einen Eindruck von der Härte der Lebensbedingungen ringsum. Man habe alle Schwierigkeiten unter Kontrolle, versichert mir der Sprecher; hinter ihm, an der sonst kahlen Wand, erblicke ich ein kleines Bild von Ho Tschi Minh.

Nach dem Staatsplan werden achthundert Hektar Ananas angebaut, Schweine und Fische gezüchtet; die Familien werden ermutigt, eigene Gärten und Fischteiche anzulegen. Private Überschüsse werden zunächst dem Staat, dann auf dem freien Markt angeboten. Die Monokultur, so erklärt man mir, ergebe sich aus der Bodenbeschaffenheit; erst wenn man ein Bewässerungssystem habe, könne man weitersehen. Für 1979 erwartet man 100000 Dong Gewinn; 1980 will man dann selbständig sein. Bis jetzt hat der Staat Zuschüsse gegeben, vor allem auch für die Einrichtung von Schulen und für den Bau eines modernen Krankenhauses.

Wie so oft im offiziellen Programm (und vermutlich nicht ohne Grund) bleibt kaum Zeit für eigene Exkursionen und spontane Gespräche. Das neue Hospital wird mir gezeigt; es ist bald fertig. Mit Recht ist man stolz auf den »Fortschritt«, der vielen damit zugute kommt. Am Tor bin ich plötzlich von Kindern umringt, die gerade aus der Schule kommen; sie kümmern sich nicht um meine Begleiter, denen die Begegnung sichtlich peinlich ist. Mit fröhlichem Lärm machen sie mir ihre Wünsche klar: Sie wollen Bonbons und Süßigkeiten, wie Kinder überall in der Welt. Ich krempele meine Taschen um, und sie stürmen los mit der spärlichen Beute. (Warum soll ich hier auf einmal die strenge Moral herauskehren?)

Das Gelände ist eine Mischung aus Baustelle und Ödland, einigen Wassergräben und Kanälen, an deren Ufern ärmliche Hütten stehen; ein größeres Gebäude mit Wellblechdach erweist sich als Schule. Geräteschuppen, Bürobaracken zwischen Buschwerk und einzelnen Bäumen. Die Ananasfelder tragen schon Früchte, die klein, aber wohlschmeckend süß und saftig sind. (Sie werden vor allem in die COMECON-Länder exportiert.) Die Ruine eines Lastwagens, ein halbes Dutzend müßige Motorpflüge unterstreichen durch ihre Unbenutzbarkeit – es fehlen Ersatzteile – die Härte der Arbeitsbedingungen auf dieser Staatsfarm. Hier, »einen Krähenflug von der Stadt entfernt«, wird Menschen eine Knochenarbeit abverlangt, wie ich sie nirgendwo vorher in den südpazifischen Entwicklungsländern so angetroffen habe. Selbst im armen Tonga gibt es mehr Lastwagen für den Transport schwerer Güter als in dieser Agrarkommune mit 13000 Menschen. Mit Ochsenkarren und Fahrrädern, Menschen und Muskelkraft wird in weiten Teilen Vietnams noch heute die Hauptlast des landwirtschaftlichen Anbaus getragen – Folgen eines dreißigjährigen Kriegs. Aber daß sich daran bald etwas ändert, ist nach dem Kambodscha-Abenteuer kaum zu erwarten.

Einige Daten und Fakten zur Staatsfarm Le Minh Xuan, die ich mir notiert habe: Auf den Ananasfeldern arbeiten sechzig Prozent Männer; im Büro der Genossenschaft siebzig Prozent Frauen (Schwerarbeit der ersten, leichtere Arbeit der zweiten Lohnstufe). Es gibt sechs Grundschulen, eine Sekundarschule (mit zweitausend bzw. eintausend Schülern, zusammen dreitausend.) Arbeitszeit an sechs Tagen der Woche: von sechs bis elf Uhr morgens und von ein bis vier Uhr nachmittags. Zur Zeit gibt es Steuerfreiheit (tax holiday). Ab 1981 soll die gegenwärtige Planung abgeschlossen sein. Der Staat hat die Baukosten für Schulen und Krankenhaus übernommen. Elektrizität gibt es noch nicht in den Familienhütten, nur in Büros; (bis 1980 hofft man überall Stromanschluß zu haben.) Die Verwaltung der Stadt leistet in vielen Fällen Hilfe. »Sawat«, eine Forschungsstelle für landwirtschaftlichen Anbau, überwacht die Ananasproduktion. Entwicklungshilfe aus Österreich wurde wegen

Überflutung des Baugeländes während der Projektbesichtigung wieder abgeblasen.

Der oberste Leiter der Staatsfarm wird nicht gewählt, sondern von der Partei eingesetzt. Ideologie, so sagt man mir, sei dem fachlichen Können untergeordnet. »Aber wir tun unser Bestes, richtiges Denken bei allen zu fördern!« Zur Unterhaltung gibt es Filmvorführungen; Fernsehen und Künstlergruppen, die von Saigon aus gastieren, Fußball und Volleyball. Am Rande der großen Straße, die durch die Staatsfarm verläuft, habe ich viele Straßenhändler und kleine Kioske beobachtet, in denen offenbar private Überschüsse angeboten werden; diese Art Handel, der auch in und um Hanoi herum eine wichtige Rolle spielt, blüht – oder grünt wie Unkraut (je nach Standort des Betrachters).

Ein Beispiel: Ein Kilo Schweinefleisch kauft der Staat für 2,5 Dong; auf dem freien Markt gibt es dafür 4 Dong. – »Und warum ist das so?« frage ich. Das sei, erstens, eine Frage des politischen Bewußtseins; man sei einfach noch nicht so weit; zweitens, und aus eben diesem Grunde, müsse man etwas tun, um die Leute zu ermutigen. Auch bei der Festsetzung der Löhne werden Unterschiede gemacht, »zwischen denen, die harte Arbeit machen, und denen, die leichte Arbeit tun.« – Also Bezahlung nach Leistung wie bei uns in der kapitalistischen Gesellschaft, und nicht nach den Bedürfnissen? – O nein, hier sei das ganz anders, wird mir versichert, auch die Alten, Kranken und Schwachen würden auf dieser Staatsfarm versorgt. Der Sprecher hält dies für eine einmalige Errungenschaft des »sozialistischen Vietnam«. Kader und Dolmetscher schauen mich ungläubig an, als ich ihnen von der Sozialversicherung in der Bundesrepublik erzähle. Von kibbuzähnlichen Communities in den USA hatten sie noch nie gehört; auf meinen Bericht hin, jeder werde dort nach seinen Bedürfnissen versorgt und nach seinen Fähigkeiten eingesetzt, erklärte mir Herr Ngoc halb lachend: »Das wäre ja Kommunismus!« (Sozialismus, daran gibt es an diesem Ort keinen Zweifel, ist Marxismus-Leninismus, der wissenschaftlich begründbare Weg zur kommunistischen Gesellschaft. Jedenfalls mit Darwin, so wurde ich belehrt, habe dieses Entlohnungsprinzip nichts zu tun!)

Notizen zur Wirtschaftslage

Was mir von schwedischen und dänischen Entwicklungsprojekten in diesen Tagen in Saigon zu Ohren gekommen ist, ist wenig geeignet, westliche Wirtschaftshilfe oder Investitionen zu ermutigen: Korruption und Schlamperei, oft auch schiere Unfähigkeit, am meisten aber Mißtrauen blockieren Projekte wie eine schwedische Papier- oder eine dänische Zuckerfabrik, die beide im Land dringend gebraucht werden.

Aus zuverlässigen Quellen (die deshalb anonym bleiben müssen, weil die Beteiligten noch nicht alle Hoffnungen auf ein gutes Ende aufgegeben haben) höre ich phantastische Geschichten, wahre Räuberpistolen. Die Verhandlungstechniken sind eine schon berühmte Spezialität: wenn nach langwierigen und mühevollen Sitzungen eine Konzeption und ein Preis verabredet scheinen, werden die Bedingungen eine Spirale weiter gedreht, soll für den gleichen Betrag mehr oder Moderneres an Technik geliefert werden; oder die Genehmigung für einen Telexanschluß wird so oft revidiert, daß der ausländische Antragsteller zum Schluß dankbar sein muß, wenn er ihn überhaupt noch bei der vietnamesischen Kontrollinstanz benutzen darf.

Von dreihundert Lastwagen, die die Schweden zur Fertigstellung der Papierfabrik in Nordvietnam importierten, ist angeblich die Hälfte nicht am Bestimmungsort angekommen. Ähnliches ist mit einer Schiffsladung Zement für die Dänen geschehen. Ihre Suche nach den verlorenen Säcken führte von Lagerhallen zu Hafenanlagen zu Schiffen und wieder zurück, offenbar ohne Ergebnis; gleichzeitig sollen gewaltige Mengen Zement für den Bau von Fundamenten sowjetrussischer Flugabwehrraketen gebraucht worden sein!

Solche Geschichten werden einem wie Anekdoten berichtet, durchaus mit Humor von seiten der Betroffenen. Ich habe mich überhaupt gewundert, wie verständnisvoll und fast schon gutmütig die meisten der westlichen Experten oder internationalen Beamten auf solche Zwischenfälle und das allgegenwärtige Mißtrauen reagieren. Sie sind in der Regel dem Land gegenüber sehr freundlich eingestellt, nehmen es gelegentlich sogar in Schutz gegenüber dem, was einer von ihnen als »Verteufelungskampagnen« bezeichnete. »Daß die ethnischen Chinesen systematisch vertrieben würden, ist einfach Unfug«, meinte einer, als ich ihn nach den Ursachen der Massenflucht befragte.

»Wir müssen unsere Politik ändern«, erklärt mir ein Wirtschaftsfachmann, Mitglied der Kommission der Weltbank und der ASEAN Development Bank, ein Mann mit Erfahrungen unter dem alten Regime, der auch in den USA gelehrt und gearbeitet hat. »Und wir werden das ändern«, fährt er fort. »Wir sind eingezwängt« (er benutzt das Wort ›sandwiched‹) »zwischen China und den asiatischen Ländern... Der Zustand der Wirtschaft ist schlecht.« In Saigon habe man ihn seitens der Regierung aufgefordert, seinen Rat zur Verfügung zu stellen. Man habe ihm gesagt: »Wir wissen, wie man im Dschungel kämpft. Wir wissen, wie man eine Revolution macht. Wir wissen aber nicht, wie man eine Stadt wie Saigon wirtschaftlich verwaltet.« (Mir kamen diese Formulierungen irgendwie bekannt vor. Wo hatte ich sie schon gehört oder gelesen?) An diesem Ort hier kommt solchen Aussagen natürlich eine besondere Bedeutung zu. »Schreiben Sie das, wenn Sie nach Hause kommen, daß wir das ändern werden.« Und in einem unbewachten Augenblick gab er mir zu bedenken, welche Wirkungen, positiv oder negativ, solche Berichte hier hätten; alles werde genau registriert. Ich antwortete ihm, daß ich darauf leider kaum Rücksicht nehmen könne.

Überwachung: Versuch einer Zwischenbilanz

Meine Tür ist nicht abgeschlossen. Die Wohnung in dem großen Haus (an der Tu Do) gegenüber ist leer. (Ein Beobachtungsposten?) Meine Reisetasche ist offen. Der Liftboy, so scheint es, fährt nur mit mir in den zweiten Stock. Das Mädchen am Empfang kehrt rasch zu technischen Fragen zurück, wenn ein Kollege kommt. Immer hängen ein paar rauchende Männer im Vorraum des Hotels herum. Der Kellner bringt mir spätabends die vergessene Flasche Sodawasser ungefragt ins Zimmer nach. Meine Reise zurück nach Hanoi wird plötzlich – und nachdem ich hier einige eigenwillige Kontakte hatte – vorverlegt. Buchungsschwierigkeiten, sagt man. Ein unvermittelt anberaumtes offizielles Dinner nimmt mir heute wichtige Kommunikationszeit (zwischen sechs und acht Uhr) mit einem Vertreter des US-National-Council of Churches, der gerade in Phnom Penh war. Seit drei Tagen ist es mir nicht gelungen, ohne Aufsicht mit Thanh Thuy Hang zu sprechen, der berühmten Schauspielerin, von der man mir ausdrücklich berichtet hatte, sie hätte fliehen können, sei aber geblieben. Obwohl sie selber Englisch spricht, waren bei unseren Zusammenkünften stets Dolmetscher und Protokollkader (aus Hanoi!) anwesend. Der von ihr vorgeschlagene Theaterbesuch wurde abgesagt: Er sei »zu gefährlich«, wegen der Hoa, die mich für eine Sowjetrussin halten könnten. »Es tut uns sehr leid, das sagen zu müssen, aber einige Reaktionäre verursachen Sicherheitsprobleme.«

Was ich zunächst noch für Einbildung gehalten hatte, orwellsche Phantasien, das wurde bei dieser Gelegenheit zur Gewißheit: Meine Überwachung war planmäßig und von der Absicht her lückenlos: »Big Brother is watching you.« Ngoc, ein kluger Mann und Kenner englischer Literatur, weiß mir zum Trost: »In Rome do as the Romans do.« Schwarzer Zitatenschatz. Was an meinen Erfahrungen hier nun »Rom« ist und was nicht, ist in diesem Klima des Mißtrauens, der Spionage- und Agentenfurcht nicht eindeutig auszumachen. Immerhin erfahre ich also hier in Saigon zum erstenmal offiziell, daß es nicht nur unerwünscht, sondern regelrecht verboten ist, als Ausländer mit Vietnamesen persönlichen Kontakt zu haben. Ich mache mir Sorgen um meine Gesprächspartner außerhalb des Programms und kann nur hoffen, daß das mit Hilfe der »deutschen Brüder« aus der DDR installierte System der Geheimdienste im Gewühl der Stadt seine Lücken hat.

Dabei anerkenne ich ja sogar die Berechtigung einer gewissen Vorsicht gegenüber westlichen Besuchern, nach den Erfahrungen, die man hier mit ihnen gemacht hat. Das Ausmaß allerdings hat mich doch empört. Nicht nur wegen der Eingriffe in meine Autonomie. Aber ganze Armeen von gesunden und gut ausgebildeten Menschen, fast immer Männer übrigens, werden auf diese Weise von der Produktion abgehalten, von der Arbeit auf den Reisfeldern zum Beispiel, die zumeist von Frauen geleistet wird. Und die Schwerfälligkeit der Zensur behindert Entwicklungsprojekte, wie die Fertigstellung der Zuckerfabrik. So soll die Post nach Dänemark schon bis zu drei Monaten gebraucht haben! Ein Beispiel für die Kontraproduktivität von Kontrolle, das vielleicht besser als mein privater Fall die Szene beleuchtet.

Die Vietnamesen, deren Pragmatismus in Fragen ideologischer Orientierung während des Krieges zu ihrem Erfolg beitrug, geraten nun durch ihre wachsende Abhängigkeit von der Unterstützung des Ostblocks zunehmend auch in dessen Sicherheitsmentalität. Mit diesem Überwachungssystem erzeugen sie aber zum Teil gerade die Probleme, die sie damit bekämpfen wollen.

Nachtrag (November 1979)

Soll man also bundesdeutsche Entwicklungshilfe weiter sperren? Vietnam isolieren? Professionelle Politiker mögen herausfinden, ob dies – realpolitisch gesehen – ein Beitrag zum Frieden in Südostasien ist. Ich habe mich während meines Aufenthalts oft an die Not der Nachkriegsjahre bei uns und an die Verhältnisse in der DDR erinnert gefühlt. Nach meinen Erfahrungen in Saigon hätte ich nur allzu gern jenen zugestimmt, die es für sinnlos halten, mit einem solchen Regime überhaupt noch Kontakte zu pflegen; mit etwas mehr Abstand plädiere ich jedoch heute für eine bundesdeutsche Politik ähnlich wie die gegenüber der DDR. Menschenrechtsfragen sind Grundsatzfragen; sie erlauben keine Abstriche.

Etwas anderes ist es, wenn man sich die Frage stellt, wie man den Menschen dort praktisch helfen kann. Hier muß man auch die kleinsten Schritte ernsthaft versuchen. Sonst ist unsere Aufregung über die Flüchtlinge unglaubwürdig. Die Ursachen ihrer Flucht bestehen ja fort, sowohl in der allgemeinen wirtschaftlichen Notlage wie in der Unfreiheit der Lebensverhältnisse. Schließlich kann nicht jeder davon betroffene Vietnamese fliehen oder auswandern.

Auch trägt der »Westen«, historisch betrachtet, Verantwortung für das Elend dort. Wäre der Prozeß der Entkolonialisierung nach dem Zweiten Weltkrieg ohne Intervention Frankreichs und der USA ebenso friedlich erfolgt wie auf den meisten südpazifischen Inseln, die ich vorher besucht hatte – Vietnam mit seinen fleißigen Menschen wäre wohl heute ein wirtschaftlich blühendes und politisch unabhängiges Land. Ich möchte daher den Appell von Terres des Hommes unterstützen: »Die beste Maßnahme gegen den Flüchtlingsstrom aus Vietnam ist die Hilfe für die Menschen in Vietnam!«

Abschied

Alltag in Hanoi

Im Unterschied zu Saigon fällt mir auf, daß ich hier freier atmen kann und daß ich mehr Augenkontakt habe mit den Menschen auf der Straße, sie schauen mich an, ich sie – und manchmal gucken wir uns nacheinander um, unbefangen wie Schulkinder. Ich bin in einem vertrauten fremden Land. Nicht Eindringling in eine geschlossene Gesellschaft. Nie bin ich hier feindseligen Blicken begegnet wie in Cholon, als ich mit zwei Funktionären in einem roten Ford dorthin gefahren wurde. (Ich hätte genausogut mit Businessleuten im Cadillac in mexikanische Slums fahren können.)

Was ist das Besondere an Hanoi? – Ich bin nicht wie viele Journalisten vor mir direkt aus Frankfurt oder Düsseldorf nach Hanoi gereist; nicht Zeil oder Kö, sondern arme Entwicklungsländer im Südpazifik waren mein Vergleichshintergrund. – Diese Stadt hat ein Gesicht, eine unverwechselbare Identität, die gewachsen ist aus einer tausendjährigen Kultur, allen Zerstörungen zum Trotz, die sie immer wieder erleiden mußte; zuletzt durch amerikanische Bomber (doch davon habe ich wenig gesehen). Die Pagoden und Tempel, die Gärten und Seen sind das asiatische Erbe. Die Boulevards und Alleen, die Wohnquartiere der Innenstadt, Verwaltungsgebäude, Museen und Plätze verkörpern nicht nur ein Stück Kolonialmacht, sondern auch eine Affinität zu französischer Kultur, die noch heute in Gesprächen mit älteren Vertretern der Literatur und Kunst spürbar ist, deren Einfluß aber nachzulassen beginnt. (Noch Ho Tschi Minh war ein sprechendes Beispiel dafür.) Hanoi ist wie eine altgewordene Schönheit, die noch immer Bewunderung abnötigt. Was auffällt, ist die Gelassenheit und Sicherheit, mit der man als Ausländer und als Frau unterwegs sein kann, auch wenn es dunkel ist.

Im Unterschied zu Saigon, das eher an das verwestlichte Singapur oder Bangkok erinnert, ist Hanoi eine sehr vietnamesische Stadt. Doch die vielen Seen, die schattigen Alleen, überhaupt das viele Grün, die Parks und Pagoden, können einen vergessen machen, was Hanoi auch ist: die Metropole eines Entwicklungslandes mit über einer Million Einwohner, überfüllt und beengt; mit Verkehrs- und Versorgungsproblemen; mit alten und neuen Kriegssorgen; mit wirtschaftlichen Aufbauproblemen und einer unvorstellbaren Wohnungsnot. In den alten, aus der französischen Kolonialzeit stammenden Quartieren sind die kleinen Häuser vollgestopft mit Familien; ehemalige Läden werden wie eine Bauernhütte bewohnt. Für junge Leute, die heiraten wollen, ist kein Raum in der Stadt, wenn die Familien nicht zusammenrücken. Wenn man abends durch die Straßen geht, nimmt man teil an ihrem Leben, das sich noch spät und bei Petroleumlicht vor den Türen und auf dem Pflaster abspielt oder im einzigen, nur von einer Glühbirne beleuchteten Raum hinter geöffneten Fenstern.

Ein Trost, daß es allen gleich geht!

Aber geht es allen gleich? Es ist Gleichheit mit kleinen Unterschieden: Da hat einer ein Motorrad oder eine Stelle bei einer Behörde, die ihn vom Kriegsdienst freistellt; da hat einer einen kleinen Garten im Hinterhof, ein Stückchen privates Land; da bewohnt ein anderer eine Neubauwohnung – und so weiter. Ganz zu schweigen von denen, die aus Prinzip »gleicher« sind: höhere Funktionäre, besonders auch aus den »sozialistischen Bruderländern«, die wie die Vertreter der UdSSR heute die frischlackierten Gebäude der ehemaligen Kolonialmacht übernommen haben und in gardinenverhängten Limousinen durch die Boulevards gefahren werden...

Notizen zum Thema Flüchtlinge und Weltmeinung

In allen politischen Gesprächen waren sie für mich Thema Nummer eins, denn danach wird man mich vor allem fragen, wenn ich zurückkomme. Ich konnte kaum erwarten, etwas Neues zu erfahren. Die offizielle Argumentation ist inzwischen sattsam bekannt; danach sind die Ursachen der Massenflucht vor allem: Schuld der Amerikaner, die Tausende ihrer Mitarbeiter (Kollaborateure) nicht rechtzeitig evakuieren konnten; die Verstaatlichung, die vielen »unproduktiven Elementen« die Basis für weitere Ausbeutung ihrer Landsleute genommen hätte; die Weigerung solcher Leute, durch nützliche Arbeit, zum Beispiel auf dem Lande, zum Aufbau beizutragen. Auch hätten einige wenige Intellektuelle das Land verlassen, um mit ihren Familien in den USA oder Frankreich zusammenzuleben. Vor allem aber habe China seine Landsleute aufgehetzt, um Unruhe in Vietnam zu stiften, ja einzelne sogar als Spione nach Vietnam zurückgeschickt.

Wichtiger sind vielleicht die Unterschiede in der Bewertung, die Akzente, die meine Gesprächspartner setzen.

Der Präsident des Komitees für kulturelle Beziehungen mit dem Ausland, Mr. Vu Quoc Uy, schneidet das Problem von sich aus an, mit dem Ton des Bedauerns: »Wir wollen sie nicht ausstoßen. Wir brauchen ihre Talente zum Aufbau.« Die Ursachen der Flucht seien komplex und müßten ausführlich besprochen werden.

Die ehemalige Kommandeurin der Befreiungsfront und Ministerin, Frau Nguyen Thi Dinh, antwortet auf meine Frage, warum rückkehrwillige Studenten – aus der Bundesrepublik zum Beispiel – nicht als »qualifizierte Kader« am Aufbau des Landes beteiligt werden können: »Die Zeit ist noch nicht reif.« Die Bedingungen dafür fehlten; nun stünde man wieder im Krieg. Aber, so formuliert sie kalt und effizient wie ein Manager, »Sie sind ein kostbares Kapital für die Zukunft.«

Der stellvertretende Außenminister, Hoan Bich Son, bringt schließlich das Kunststück fertig, ohne präzise Angaben mit den Flüchtlingszahlen so zu jonglieren, daß sie falsch und übertrieben erscheinen. Der Tiefstand der Beziehungen zur Bundesrepublik habe auch ganz andere Gründe: »China hat selber Millionen seiner eigenen Leute aus dem Land vertrieben, aber die Beziehungen zwischen China und der Bundesrepublik sind sehr gut.« Und er erklärt mir auch, warum: »Um Märkte zu finden und, vielleicht, Waffen zu verkaufen, muß die Bundesrepublik Deutschland sich auf die Seite Chinas stellen – gegen Vietnam.«

Auffallend sind die Widersprüche. Die Parteilinie, die immer wieder beschworene »korrekte Politik« gegenüber den Hoa, flattert noch: »China will Arbeitskräfte, Know-how, Techniker abziehen, um Schwierigkeiten beim Wiederaufbau zu machen«, meint der Minister. Der Vorsitzende des Volkskomitees in Saigon bestreitet dagegen optimistisch, daß ihnen solche Fachkräfte, zum Beispiel auch Mediziner, überhaupt fehlen.

Für eine systematische Vertreibung der Flüchtlinge – wie in Osteuropa – habe ich keine Anhaltspunkte gefunden, eher dafür, daß man ganz froh ist, schwierige Landsleute loszuwerden, und daß man sich vom Ausmaß der Kritik, auch bei ehemaligen Freunden Vietnams, in der Welt keine Vorstellung macht. »Ich glaube, daß die wahren Freunde Vietnams allmählich die Wahrheit erkennen werden und Vietnam treu bleiben«, meint der stellvertretende Außenminister dazu. Die routinierte Art, mit der der kleine agile Mann im graubraunen Maßanzug seine Argumente abspult, hat etwas Beunruhigendes. Wenn er mit leiser Stimme und wie selbstverständlich »Bewunderung und Liebe« für das »heldenhafte vietnamesische Volk« von der Welt beansprucht, gewinnt man den Eindruck, er beschwöre einen Mythos, der die häßliche Realität verdrängen soll. Wenn die Leute in der Regierung selber glauben, was sie mir hier erzählen, dann steht es nicht gut für das Land.

Letzter Tag in Vietnam

Im Hotel Dan Chu habe ich heute früh noch mit Mitgliedern der amerikanischen Kirchendelegation gesprochen, die gestern in Lang Son waren. Sie haben mir bestätigt: Die Zerstörungen im Grenzgebiet sind groß. Die Chinesen haben offenbar wirklich vieles erst vor ihrem Abzug kurz und klein geschlagen: Schulen, Krankenhäuser, Fabriken... verbrannte Erde zurückgelassen...

Die Amerikaner haben auch ein Umerziehungslager vierzig Kilometer vor Hanoi besucht und konnten sich ihre Gesprächspartner vor Ort selber aussuchen, direkt mit ihnen sprechen. Viele sind über drei Jahre dort; von neunhundert wurden etwa dreihundert inzwischen entlassen. Die ehemaligen Offiziere machten, äußerlich, einen guten Eindruck, wohlgenährt; das Lager wirkte aufgeräumt und den Umständen entsprechend mit allem Nötigen versehen, Besuchsräume eingeschlossen... Theresienstadt? – Sie hatten den Eindruck, daß man ihnen dort, wo sie waren, nichts vorgemacht habe. Für gegenteilige Berichte fanden sie, »vorsichtig formuliert«, keine Anhaltspunkte. Unter den Delegationsmitgliedern – die ich schon in Saigon nach einem Besuch in Phnom Penh gesprochen hatte – befanden sich ein Arzt und ein farbiger Pfarrer.

Gegen acht Uhr, der Musik folgend, komme ich zum Theater, wo Soldaten und Selbstverteidigungsgruppen aus den Betrieben aufmarschiert sind, in grünen Uniformen mit Tropenhelm und Blättertarnung, in blauen Overalls, eine Gruppe Mädchen in weißen Arbeitsanzügen und Kulihüten. Rote Fahnen, von hübschen jungen Männern nicht allzu stramm hochgehalten, bilden den Abschluß der Versammlung, während vorn, auf den Stufen des Theaters, eine Rede aus dem Mikrophon dröhnt. Was eigentlich los ist, erfahre ich hier nicht. In diesen Tagen liegt viel »Oktoberrevolution« in der Luft, viel fünfundzwanzigjährige Befreiung Hanois. Aber auch die Bedrohung durch China; Hunderte von Betonröhren, typische Einmannbunker, lagern nicht weit von diesem Platz entfernt.

Ich gehe noch einmal in die Stadt, kaufe mir einen Schwarzweißfilm aus der Sowjetunion; andere gibt es nicht. Der Fotograf wechselt den Film unter riesigen dunklen Ärmeln. Vor dem Zweiten Weltkrieg hat er einige Zeit in Paris gelebt; er spricht Französisch und Englisch, offensichtlich mit Vergnügen. Wie ich Hanoi finde? – Ja, es gibt viele Schwierigkeiten... Nicken. Wie weit reicht das Einverständnis? In einem Souvenirgeschäft treffe ich eine junge Frau, die mir auf deutsch erklärt, wie ich mir meinen Reisstrohhut befestigen muß. Sie hat, wie übrigens rund zehntausend Vietnamesen, ihre Ausbildung in der DDR vervollständigt.

Ich mache eine Serie Fotos am See. Dann gegen zehn Uhr zurück ins Hotel. Man habe schon nach mir gefragt. Ngoc kurz darauf: »Wo waren Sie...?« – Ich: »Ist dies ein Verhör...?« Die Grenze zwischen Scherz und Aggression ist manchmal hauchdünn.

Abrechnung und Umtausch, Dollars in Dong, sind ein bürokratischer Alptraum.

Das Interview mit dem Vize-Außenminister Hoan Bich Son ist für elf Uhr im Ministerium festgesetzt. Das Ergebnis stand im grunde vorher fest.

Anschließend dann das Abschiedsessen im Thong Nhat, offizielles Luncheon mit dem Vizepräsidenten des Kulturkomitees und dem Leiter der Abteilung Westeuropa. Vietnam präsentiert seine Kochkunst, bunt, einfallsreich und ungewöhnlich schmackhaft; zarte Gemüse, gewürzte Fischspeisen und Fleischröllchen. Unser Gespräch entwickelt sich in aufgelockerter Stimmung, ohne Rituale, und kommt vergleichsweise rasch an kritische Punkte, Vietnams Beziehung zu Kambodscha vor allem. Die Sorgen kleiner Länder gegenüber der Hilfe durch den »großen Bruder« werden offen erörtert; Jugoslawien, die ČSSR, aber auch die Rolle Tansanias in Uganda werden besprochen und zum Vergleich herangezogen. Mr. Phuong hat drei Jahre in Schweden gewirkt, und etwas von der Atmosphäre dieses Landes scheint auf ihn abgefärbt zu haben. Er begreift ganz gut, daß heute in Westeuropa die Diskussion um den Sozialismus unter den Bedingungen einer industrialisierten Wohlstandsgesellschaft geführt werden muß und daß die Errungenschaften der bürgerlichen Revolution – »liberté, égalité, fraternité« – selbst für viele Kommunisten dort nicht mehr preiszugeben sind; daß die Analyse von Marx richtig war für seine Zeit, aber erneuerungsbedürftig ist; daß die Moskau-Orientierung kommunistischer Parteien im Westen Probleme aufwirft und die DKP in der Bundesrepublik ebenso wie ihre Entsprechung in Schweden wenig Aussichten hat, ihre Minderheitenrolle zu verändern.

Aus eigener Erfahrung berichtet er, wie gut es der Arbeiterklasse in Schweden geht, wie schwierig es sei, Parolen für den Wahlkampf aufzustellen; und er ist sich, so scheint es, auch der Rolle bewußt, die Vietnam für die Solidarisierung und Mobilisierung kommunistischer Parteien im Westen spielt. Die untergeordneten Kader bei Tisch staunen über konkrete Beispiele, die Einkommen, Sozialversorgung, Urlaub und überhaupt den Lebensstandard des schwedischen Arbeiters illustrieren. »Wir müssen auch von andern lernen« – das ist der Tenor des Berichts – »und aus unseren Fehlern.«

Über die Neuen Ökonomischen Zonen im Süden meint er: »Wir haben zuviel auf einmal gewollt« – und entschuldigt damit quasi die überstürzte gesellschaftliche Umwandlung, die zu so viel Unzufriedenheit geführt hat und mitverantwortlich zu machen ist für die massenhafte Flucht seiner Landsleute.

Am Ende der Reise fast so etwas wie ein politisches Round-Table-Gespräch – ein Anfang von Kommunikation:

Abends dann als festlicher Abschluß ein großes Ereignis: Einladung zur Aufführung der berühmten Tanzgruppen des Theaters von Hanoi, Truong Mu'a, eine Jubiläumsveranstaltung für geladene Gäste, hohe Parteifunktionäre, Angehörige der Tänzer und privilegierte Leute wie mich. Ein klassisches Programm. Folklore. Ballett à la Moskau oder Pyönggyang, ohne revolutionäre Choreographie. Bezaubernde Kinder und Teenager; erstaunliches tänzerisches Können in den Abschlußklassen, gute Grundlagen bei den Anfängern. Eine Traumwelt entsteht da vor mir auf der Bühne: ein Tempeltanz der Khmer, eine Mazurka mit polnischen Dienstmädchen und jungen

Rekruten, die Geburt eines Lieds... Bin ich hier in Hanoi, im Oktober 1979?

Nur das Pausengespräch mit meinem Begleiter über Kontrolle und Vertrauen bringt die Wirklichkeit zurück.

Nachts ein schweres Gewitter. Aufbruch um sechs Uhr; es ist noch dunkel. In der Dämmerung am Straßenrand die ersten Händler, kleine Märkte (der Mensch als handeltreibendes Wesen – eine Impression, über die es nachzudenken gilt, nach fünfundzwanzig Jahren »Sozialismus«). Dann, im Morgenlicht, wird die Landschaft goldgrün. Beginn der Reisernte. Bilder wie aus alten Büchern. Die Menschen hier im überfüllten Delta sind unglaublich fleißig, kein Fleckchen Erde, das nicht bebaut wäre. Selbst der Lotos im Dorfteich ist nicht nur symbolisch bedeutsam; er wird als Heilmittel genutzt und exportiert. Im Hintergrund der grünen Felder und der roten Fluß-Sandbänke ragen steil gezackt und dramatisch die Berge auf, die Vietnam mit China verbinden. Der aufmerksame Bao hält an; wir machen das verabredete Foto. Motiv: der Wasserbüffel mit seinem Meister. Ein Zehnjähriger in verwaschenem Anzug aus graublauer Baumwolle thront auf dem Koloß, dessen Fell weich wirkt und dessen Barthaare hell abstehen.

Abschied von Vietnam: ein schönes Land und liebenswerte Menschen. Selbst der Ton mit den Kadern ist eine Spur persönlicher, heute, am letzten Tag – entspannter. Wir sprechen über Somerset Maugham, sein Buch »Of Human Bondage«, das von Ngoc besonders geschätzt wird. Sie schleusen mich besorgt durchs Gedränge am Flugplatz, regeln letzte bürokratische Hindernisse, trinken mit mir noch eine Tasse Kaffee. Ich sage »Auf Wiedersehen«, bedanke mich für die »Betreuung«, die ich so umfassend seit meiner Kinderzeit nicht mehr erfahren hätte, und wir lachen darüber zum Schluß, erleichtert.

Dann übernehme ich wieder die Regie für meine Reise. Die Maschine startet pünktlich nach Bangkok.

Renate von Gizycki

Hanoi '79: Notizen am See

Zwischen einem Krieg
und dem nächsten
endlich Frieden

Träume vom guten Leben
das aus den Reisfeldern kommt
haben hier
am See Tradition

wie die Trauer
über Abwesende
die fern in den Bergen
widerspruchslos
ihren Dienst tun vielleicht

den Kindern zuliebe die
zwischen einem Krieg
und dem Frieden
noch immer nicht
wählen können

Fotografische Impressionen:
Der Wasserbüffel

Renate von Gizycki

Vietnamesisch für Anfänger *

Basis Dialog 1

mein name ist phuong
ich spreche armes englisch
französisch sprach ich früher
meine mutter spricht vietnamesisch

Toi hoc tieng Anh o Viet-Nam
I studied English in Vietnam
mein vater sprach chinesisch
mein bruder ist tot

Ergänzungsdrill

1. dies ist eine pistole
   dies ist ein mörser
   dies ist eine rauchgranate
   dies ist ein rückstoßfreies gewehr

2. ist dies ein lexikon
   nein es ist eine mine
   ist dies ein krankenhaus
   nein es ist das caravelle hotel

3. hast du eine uhr
   nein ich habe die zeit
   dies ist eine uhr da drüben
   danke es ist gleich zwölf
   warum? ich bleibe bis eins

* Anhand von »Spoken Vietnamese« (Basic Course) US-Armed Forces Institutes, Madison, Wisconsin 53703

4. warum hast du noch keine uhr verkauft?
   warum hast du noch nicht die pistole abgeschossen?
   warum hast du noch keine granate geworfen?
   warum hast du herrn hai noch nicht kennengelernt?

5. wahrscheinlich kommt er
   nicht gern allein
   nicht gern so früh
   möchte er
   nicht so nah dran sein
   so lange warten
   so spät zurück

6. sind sie ein amerikaner?
   nein ich bin major
   wann kamen sie nach vietnam?
   o ich komme seit gestern

Basis Dialog 2

ist jenes dort ein garten?
nein es ist eine landezone
ist dies dort eine schule?
nein es ist eine polizeistation

dies ist ein flugplatz
ja es ist ein reisfeld
ist dies ein bunker?
nein es ist ein krankenhaus

Ergänzungsdrill

1. ich gehe auf das feld
   ich gehe in die schule
   ich gehe ins gefängnis
   wohin gehst du?

2. ich gehe in das restaurant
   ich gehe zur bank
   ich gehe in den krieg
   wohin gehst du?

3. ich gehe zum markt
ich verkaufe zigaretten
gehst du zum markt?
nein ich gehe zur kampflinie
kommst du zurück?

4. ich sehe miss lien hat eine zeitung
kann miss lien sie lesen?
ja die zeitung hat weiße stellen
gut dann kann man sie lesen

5. verzeihung ist dies die bank
nein es ist die botschaft
die bank ist rechts
Dong Hoi ist nordwestlich von Hué
es ist weit es ist nah
es ist eng
es ist alt
es ist eine landezone

6. was haben sie gelernt?
was haben sie getan?
was haben sie gesehen?

was werden sie sehen?
was werden sie tun?
was werden sie lernen?

(1968)

Befrieden

Wenn sie
das fremdenfeindliche Trommeln
hören

kommen

die freundlichen Truppen
ins Dorf

erproben

nur kurz unterbrochen
durch Schreie

ihr chemisch sauberes
Schweigen

Vietnam nach Vietnam

Zukunftsvorstellungen vietnamesischer Studenten (1968/69)

Vorbemerkungen

Überall in der Welt waren es die Probleme Vietnams, in denen Studenten die Probleme ihrer eigenen Gesellschaft erkannten, und ihr politisches Bewußtsein wurde von keinem Ereignis stärker geprägt als vom Krieg in diesem Land. Ihr Protest gegen eine ständig inhumaner werdende Welt entzündete sich an diesem Beispiel – aber Stimmen vietnamesischer Studenten kamen nur selten zu Wort. Wir wissen warum. Wer hätte ihnen in Saigon ein Forum gegeben? Aus Gedankenlosigkeit – vielleicht aber auch, weil wir meinten, von den »Söhnen reicher Mandarine« könne man ohnehin kaum ein kritisches Urteil über die Situation in Vietnam zu hören bekommen – haben wir bisher die Gelegenheit nicht wahrgenommen, diejenigen jungen Vietnamesen, die an unseren Hochschulen studieren, danach zu fragen, wie sie selbst die vietnamesische Gesellschaft von morgen sehen.

Die zynische Formel von der »Vietnamisierung des Krieges«, die neuerdings nahezu kritiklos in der Öffentlichkeit als Schritt zum Frieden diskutiert wird, wird in unserer Befragung von keinem Vietnamesen befürwortet. Worauf es heute ankommt, ist eine »Vietnamisierung des Friedens«, und viele vietnamesische Studenten machen sich schon seit einiger Zeit konkrete Gedanken darüber. Probleme der nationalen Unabhängigkeit, der Wiedervereinigung, der gesellschaftlichen und kulturellen Strukturveränderungen, der Bodenreform und des wirtschaftlichen Wiederaufbaus stehen im Mittelpunkt ihrer Diskussion.

Der nachstehende Bericht faßt die Ergebnisse eines Fragebogeninterviews zusammen, das mit Unterstützung des Westdeutschen Rundfunks im Juni 1969 durchgeführt wurde. Sechsundzwanzig Fragen bezogen sich auf die folgenden Komplexe: Situation der Studenten, Verantwortung für die gegenwärtige Lage in Vietnam, nationale Identität, Wirtschaftsaufbau und Probleme des Friedens. Von über zweihundert Studenten, die wir anschrieben, antworteten mehr als sechzig mit zum Teil sehr ausführlichen Beiträgen. Aus Sicherheitsgründen sind alle Angaben, die zur Identifizierung der Teilnehmer führen könnten, im Bericht weggelassen oder verändert. Gesprächsaufzeichnungen aus Paris, Brüssel und London sind mit aufgenommen worden, ebenso Angaben aus zahlreichen Briefen.

Es ist nicht leicht, die Meinung eines vietnamesischen Studenten zu erfahren: Mißtrauen, Skepsis, Angst und Sorge sprechen aus einigen Rückfragen. Daß man sich ohne »Hintergedanken« für die Probleme Vietnams interessieren könnte, findet ein Student »schleierhaft«, ein anderer möchte wissen, »für welche Organisation oder Partei« man denn wirklich arbeite, ein dritter vermutet gar, daß die CIA beim Westdeutschen Rundfunk in die Unterlagen Einblick nehmen könnte. Daß Befürchtungen dieser Art nicht gegenstandslos zu sein brauchen, weiß man spätestens seit dem Fall des Heidelberger Studenten Xanh, der im Juli 1969 mitten aus dem Studium heraus innerhalb von vier Wochen einer Einberufung Folge leisten sollte. Die Aufforderung dazu erreichte ihn zunächst über seinen Vater in Saigon; mit solchen »subtilen« Methoden versuchte die südvietnamesische Botschaft offenbar darüber hinwegzutäuschen, daß die wahren Gründe für diese plötzliche Rückberufung in der politischen Aktivität des Studenten für die Bildung einer Koalitionsregierung zu suchen waren. Rede-, Meinungs- und Informationsfreiheit haben die Studenten zu Hause nicht kennengelernt, und es ist ganz offensichtlich die Überzeugung der Botschaft, daß keine Veranlassung besteht, die vietnamesischen Studenten in der Bundesrepublik zum Gebrauch dieser Freiheiten zu ermuntern; ihr Schnüffelsystem reicht in alle deutschen Hochschulorte.

In Stuttgart setzte sich im August dieses Jahres (1969) die »Vereinigung vietnamesischer Studenten« zur Wehr. In einem Appell an die Öffentlichkeit forderten sie volle Meinungsfreiheit:

»Wir stellen fest, daß die Meinungsfreiheit (frei zu denken, sich frei zu äußern und frei zu diskutieren) eines der Grundrechte des Menschen ist.

Wir stellen fest, daß ein Student, um ein guter Staatsbürger zu werden, sie nicht nur seinem Fachstudium widmen soll, sondern das Recht und die Pflicht hat, sich mit politischen Fragen zu beschäftigen.«

Nach Auskunft der südvietnamesischen Botschaft in Bad

Godesberg studieren rund fünfhundert Vietnamesen zur Zeit in der Bundesrepublik überwiegend technische Fächer. Vietnamesen, die im Ausland studieren wollen, unterliegen nach dieser Auskunft einer sorgfältigen Auswahl seitens einer »Kommission für Auslandsstudien«, die direkt dem Erziehungs- und Jugendministerium in Saigon unterstellt ist. Diese Kommission trifft ihre Auswahl »im Rahmen der Bedürfnisse des Landes und aufgrund der persönlichen Fähigkeiten eines jeden Studenten«, sowohl im Hinblick auf »die Zahl der ausgewählten Kandidaten« als auch im Hinblick auf »die gewählten Studienrichtungen«.

Trotz dieser sehr sorgfältigen Auswahl ist es den Behörden in Saigon offenbar nicht gelungen, unter ihren in der Bundesrepublik studierenden Landeskindern viele Fürsprecher zu gewinnen. Zwar gibt es an einigen Hochschulorten Gruppen, die als ausgesprochen »regierungstreu« angesehen werden können; die auch ihnen angetragene Möglichkeit, ihre politische Meinung zu artikulieren, wurde aber weder von einzelnen, noch von Gruppen wahrgenommen. Ein junger Student, der noch nicht lange in der Bundesrepublik studiert, und der mit sympathischer Offenheit bekennt, wegen seiner »noch geringen politischen Erfahrungen« eine bestimmte Frage nicht beantworten zu können, ist der einzige, der sich ausdrücklich positiv über die gegenwärtige Regierung äußert: Sie bemühe sich doch darum, die Korruption abzustellen. »Deshalb vertraut das Volk der Regierung.« Wie gering seine politischen Erfahrungen sind, beweist die irrige Auffassung, Ho Tschi Minh habe »die chinesischen Soldaten ins Land gebracht, obwohl er doch einen Bürgerkrieg (!) vermeiden wollte«. Auch von anderen vitalen Problemen seines Landes hat dieser Student keine Ahnung.

Das ist nicht unbedingt sein Verschulden. Gespräche mit Studenten, die gerade erst aus Saigon in die Bundesrepublik gekommen sind, zeigen, wie schwierig und riskant es dort in Vietnam ist, sich Informationen zu verschaffen, die nicht aus den offiziellen Propagandamühlen stammen. In vielen Familien der Oberschicht werden darüber hinaus die studierenden Söhne angehalten, sich auf ihre Diplome zu konzentrieren und politische Diskussionen im Ausland zu meiden – sie würden in der Regel von »den Kommunisten« ausgenutzt. Um diese Ansicht würdigen zu können, muß man wissen, daß ein großer Teil der westlichen Presse aus dieser Perspektive als »Instrument kommunistischer Infiltration« gilt: weder der *Spiegel* noch *Die Zeit* oder

Le Monde werden davon ausgenommen. Vor solchem Hintergrund sind die Meinungen, die sich diese »sorgfältig ausgewählten« Studenten hier gebildet haben, um so aufschlußreicher. Sie beweisen, daß man mit Denkverboten nur sehr begrenzte Erfolge erzielen kann.

Sind die Meinungen unserer rund sechzig Studenten repräsentativ für die öffentliche Meinung in Vietnam oder wenigstens für den Süden des Landes? – Nein, im statistischen Sinn gewiß nicht. Sie repräsentieren aber die in Südvietnam vorherrschenden geistigen, religösen und politischen Strömungen. Da soziologische Untersuchungen über das Herkunftsmilieu der Studenten nicht vorhanden und nach Lage der Dinge zur Zeit auch nicht zu erwarten sind, bleiben wir auf allgemeinere Antworten hierzu angewiesen. Die Studenten kommen überwiegend aus städtischen Verhältnissen, vor allem aus Saigon, Hué, aber auch aus kleineren Provinzstädten. Nicht wenige kommen aus den einflußreichen Familien der französisch gebildeten Oberschicht, die sich heute für »nationalistisch« hält. Aber auch Söhne von Lehrern, Ärzten und kleinen Beamten studieren in der Bundesrepublik, zum Teil mit deutschen oder Regierungsstipendien. Unter den älteren Studenten haben einige bereits ein Studium in ihrem Heimatland abgeschlossen; sie vervollständigen hier ihre Ausbildung durch Spezialstudien. Die Söhne ärmerer Reisbauern, die in Vietnam rund achtzig Prozent der Bevölkerung ausmachen, sind dagegen unseres Wissen nicht vertreten. Daß das schon erwähnte Ausleseverfahren keine Anhänger der Nationalen Befreiungsfront, hier »Vietkong« genannt, zum Auslandsstudium zuläßt, dürfte sich von selbst verstehen. Die »Regierungstreuen« haben sich am Interview nicht beteiligt. Ihre »Meinung« ist jedoch bekannt: Sie entspricht in der Regel den offiziellen Verlautbarungen Wort für Wort. Manche von ihnen werden im Grunde zu denen zu rechnen sein, die teilnahmslos und uninformiert sind und die sich damit zufriedengeben, daß man ihre Köpfe mit antikommunistischen Parolen vollgestopft hat.

Parteipolitische Bindungen wirken sich für die Orientierung der Studenten oft weniger aus als die durch den Familienhintergrund geprägte religiöse Einstellung. Buddhisten und Katholiken werden daher als Gruppen deutlich. Hierzulande wird mit der Position der Buddhisten generell der Neutralismus, mit der der Katholiken der Antikommunismus verbunden. Das ist nur bedingt richtig – beide Gruppierungen unterscheiden sich auf vielfältige Weise: So sind die Antikommunisten zwar häufig katholische Flüchtlinge aus dem Norden, nicht alle Katholiken jedoch automatisch »Antikommunisten«. Und unter den Buddhisten sympathisieren heute – vor allem in der jüngeren Generation – viele mit der »Allianz« (»Allianz der nationalen Kräfte für demokratischen Fortschritt und Frieden in Vietnam«) oder der Nationalen Befreiungsfront. Im Grunde ist unter den Studenten eine andere Unterscheidung wichtiger, nämlich die nach fortschrittlicher oder konservativer Einstellung. Fortschrittlichkeit nimmt mit dem Grad der Informiertheit über die Lage des Landes zu. Das ist sicher kein überraschendes Ergebnis, aber es macht deutlich, warum die »Sozialisten aller Konfessionen« – also fortschrittliche Katholiken ebenso wie sozialistisch orientierte Buddhisten – häufiger zu Wort kommen. Die Marxisten, Sozialisten und Kommunisten haben fast immer den Bruch mit ihrem Herkunftsmilieu vollzogen oder vollziehen müssen, daher die Schwierigkeit und die Selbständigkeit ihrer Position in einem fanatisch antikommunistischen Klima. Vergegenwärtigen wir uns: Diese Studenten sind (bis auf einige Ausnahmen in Frankreich) keine Soziologen und Politologen; sie studieren Chemie, Mathematik, Land-, Volks- und Forstwirtschaft an unseren Universitäten oder Maschinenbau, Bergbau und Elektrotechnik an unseren Technischen Hochschulen mit einem Vierzig-Stunden-Wochenplan, der ihnen wenig Zeit läßt für politische Aktivität.

Entfremdung und Bewußtwerdung

Die Beschäftigung mit politischen Fragen beginnt für viele Studenten mit der Reflexion auf die eigene Lage. Wie sehen sie ihre Herkunft, ihre Studiensituation, ihre Ziele?

»Viele werden von ihren Eltern ins Ausland geschickt, ohne klare Vorstellung, was sie später zu Hause machen. Viele Eltern hoffen, ihre Söhne könnten dadurch der Militärpflicht entgehen, ein sicheres Leben haben, später einen Beruf »mit viel Geld« ausüben. Nach einer gewissen Zeit in Deutschland beginnen aber viele Studenten doch zu begreifen, daß auch sie einen Beitrag zum Aufbau Vietnams leisten sollen.«

Es klingt paradox, ist aber symptomatisch: Junge Angehörige privilegierter Schichten aus Ländern der Dritten Welt kommen oftmals erst durch ihr Studium im Ausland in Berührung mit dem Elend ihres Heimatlandes. Nicht wenige Studenten aus Südvietnam lesen die Schriften ihres Landsmanns Ho Tschi Minh zum ersten Male hier – in deutscher Übersetzung! Während die jungen Vietnamesen im Ausland leben, haben sie – nach der Meinung eines anderen Studenten – Gelegenheit, »verschiedene Informationen über die wirtschaftliche und politische Situation im Heimatland zu erfahren«; allmählich begriffen sie dann, »was das Land tatsächlich braucht«.

Zu den Gründen für ein Studium im Ausland meint ein katholischer Student, der in Vietnam eines Tages als Lehrer arbeiten will, daß er unter den vietnamesischen Studenten drei Gruppen unterscheiden möchte: »die Söhne aus reichen Familien«, die ihr Studium »sowieso nicht ernstnehmen, sondern dem Krieg in Vietnam« ausweichen wollen. Andere nähmen ihr Studium zwar ernst, blieben aber im Ausland, »wenn Südvietnam kommunistisch wird«. Eine dritte Gruppe schließlich – zu der er sich wohl selber rechnet – wird unter allen Umständen zurückkehren wollen, um sich am Aufbau des Landes zu beteiligen.

Eine nicht minder kritische Soziologie seiner Landsleute entwirft ein politisch links engagierter Naturwissenschaftler, der seine Kenntnis des Oberschichtenmilieus nicht zuletzt seiner eigenen Herkunft verdankt. Er unterscheidet nach »Opportunisten, rationalisierenden Opportunisten« und »revolutionären Idealisten« und meint, daß die rationalisierenden Opportunisten, die sich aus den aufsteigenden Mittelschichten rekrutieren, in der Mehrheit seien. »Sie behaupten, ihre Kenntnisse später für den Aufbau einsetzen zu wollen, Opfer bringen zu müssen, die sie nicht näher definieren ... Im allgemeinen hassen sie die Schicht, in die sie aufsteigen wollen, und lehnen deren Egoismus ab.« Rationalisierung der eigenen Wünsche sei es auch insofern, als sie sagen: Wir werden es aber nicht so machen, wir tun auch etwas für die Armen. Eine Kindergärtnerin, die in Vietnam ein Waisenhaus leiten will, ist dagegen überzeugt, daß die meisten ihrer Landsleute »ernsthaft am Aufbau Vietnams« mitwirken wollen.

Bedeutet ein Studium in Europa eine Entfremdung von der eigenen Kultur und von den Problemen des Heimatlandes? Viele der hier studierenden Vietnamesen sind jahrelang nicht mehr zu Hause gewesen. Diese Jahre sind nicht nur entscheidende Jahre in ihrem eigenen Leben, sondern auch Jahre, in denen ihr Land und ihr Volk eine tiefe Krise durchmachen.

»Wir haben keine Beziehung mit zu Hause, außer unserem persönlichen Briefwechsel.« Weder die Botschaft noch das Kultusministerium kümmerte sich darum, Bücher, Fotos, Zeitungen, Filme von zu Hause zu beschaffen, »mit Propagandablättern wissen wir nichts anzufangen.« Dieser Student, der eines Tages »zwischen den Leuten auf dem Lande leben möchte, um ihre Erziehung, ihre Hygiene und ihre Lebensverhältnisse zu verbessern«, fürchtet also, durch seinen Aufenthalt im Ausland den Kontakt zu verlieren. Für einen jungen Maschinenbauer gibt es eine solche Entfremdung im Leben vieler seiner Kommilitonen nicht, denn sie seien ihrem eigenen Volk schon immer fremd gewesen. Die Auseinandersetzung mit dieser Frage, auf die wir später noch zurückkommen werden, ist in der Tat ein Schlüsselthema im Prozeß politischer Bewußtwerdung.

Kämpfer für die Unabhängigkeit

»Ho Tschi Minh wird von vielen Studenten und Intellektuellen in westlichen Ländern für einen bedeutenden Staatsmann gehalten. Wie ist Ihre Stellungnahme dazu?« lautete Frage 13 des Fragebogeninterviews. Das Spektrum der Antworten auf diese Frage war breit und überwiegend positiv getönt. Die Kontroverse um Ho Tschi Minh – wenige Wochen vor seinem Tod – war mehr als ein Streit um die historische Person, ihre Fehler und ihre Verdienste; sie war ganz offensichtlich Ausdruck des Bedürfnisses, sich ein eigenes Urteil, frei von propagandistischen Klischees zu bilden, sich freizumachen von politischen Tabus:

»Ich will keinen Kommunismus in Vietnam, aber ich muß Ho Tschi Minh als Befreier des Landes respektieren. Was er jetzt richtig oder falsch macht, kann ich noch nicht beurteilen. Aber man muß finden, daß er ein sehr guter Politiker ist... Solche Leute brauchen wir in Südvietnam.«

Ein anderer Student, der gerade das Buch von Jean Lacouture über Ho Tschi Minh in deutscher Übersetzung gelesen hatte und der »die historischen Ereignisse dort richtig dargestellt« findet, spricht die Hoffnung aus, daß er »mit seinem Ansehen so unabhängig wie möglich von China und der Sowjetunion sein kann, im Interesse Vietnams«. Dagegen beklagt sich ein junger Naturwissenschaftler bitter darüber, daß »die Studenten Europas... Ho-Ho-Ho-Tschi-Minh nicht aus Interesse am vietnamesischen

Volk, sondern aus eigenem Ärger mit den USA« riefen, und es kommt ihm vor, als »applaudierten sie einem Stierkampf, während die Vietnamesen diesen blutigen Krieg erleiden müssen«, für den er allein Ho Tschi Minh verantwortlich macht.

Andere sehen seine Bedeutung darin, daß »er sich nicht zur Marionette Pekings machen ließ, sondern bestrebt war und ist, Rotchina aus dem Vietnamkrieg herauszuhalten; daß mit ihm das ganze vietnamesische Volk Selbstvertrauen und Selbstbewußtsein zurückgewonnen hat; daß sein aufopferndes, legendäres Leben zum Mythos geworden sei, zum Symbol für den Befreiungskampf der Dritten Welt«.

Sie sehen in ihm vor allem den vietnamesischen Patrioten: »In ganz Vietnam gewann und gewinnt Ho Tschi Minh Sympathie in allen Schichten. Diese Beliebtheit ist in erster Linie darauf zurückzuführen, daß er ein wahrer Patriot ist.«

Am Anfang steht für die meisten das Informationsproblem: »Ich weiß nicht viel von Ho Tschi Minh, weil niemand mir die Wahrheit gesagt hat.« Und die Antworten spiegeln die Schwierigkeiten und inneren Widersprüche, mit denen es die Studenten in diesem Prozeß politischer Orientierung zu tun haben: »Ich schätze den Unabhängigkeitswillen Ho Tschi Minhs, aber sein unbeschränkter Glaube an den Kommunismus läßt mich über seine wirkliche Unabhängigkeit zweifeln.« Begeisterung, Zustimmung, Bewunderung gelten nur selten dem Revolutionär, fast immer dem Kämpfer für nationale Unabhängigkeit, dem großen Vietnamesen. Die Aussagen zu diesem Fragenkomplex können daher vor allem als Ausdruck der Intensität nationaler Empfindungen gewertet werden.

Nationalbewußtsein und Nationalismus

Das ausgeprägte Nationalbewußtsein der Vietnamesen ist kein europäischer Import aus dem 19. Jahrhundert; es entwickelte sich aus der Selbstbehauptung gegenüber dem großen Nachbarn im Norden, China. Die Frage, warum Vietnamesen der verschiedensten politischen Orientierung stolz sind auf die Geschichte ihres Landes, wird von allen Studenten ausführlich beantwortet; sie nennen historische Ereignisse und Gestalten zum Beleg, die vom Aufstand »der heroischen Schwestern Trung-Trac und Trung-Nhi im 1. Jahrhundert« bis in die Gegenwart reichen. Auch Ho Tschi Minh wird von vielen, die nicht Kommunisten sind, in diese historische Ahnengalerie als Vorkämpfer vietnamesischer Unabhängigkeit eingereiht. Widerstand und Unabhängigkeit sind die wiederkehrenden Themen in ihren Antworten. Die zweitausendjährige Geschichte Vietnams ist vielen von ihnen »ein Beweis für die Lebenskraft, Entwicklungsfähigkeit und Friedenssehnsucht« ihres Landes; sie wird aufgefaßt als »Verteidigungsgeschichte« gegenüber fremden Eroberern und »mächtigen Gegnern«: China, die Mongolei, Frankreich und Amerika werden oft in einem Atem genannt.

Ein kritischer Techniker gibt zu bedenken, daß auch »Korruption und Laisserfaire« zum historischen Erbe gehören und daß »dieser Stolz unangebracht« sei, weil er dazu führe, sich »gegenüber anderen Völkern zu hoch zu schätzen«. In dieser Aussage klingt ein Problem an, das uns vertraut ist: Nach zwei blutigen Kriegen, die Europa in Trümmer legten, steht die junge Generation hier dem Nationalismus eher kritisch und ablehnend gegenüber. Warum – so fragten wir daher vietnamesische Freunde – wird dieses Problem in Vietnam von den meisten jungen Intellektuellen anders gesehen? Die Antwort eines buddhistischen Autorenkollektivs in der Redaktion der Studentenzeitschrift »Gio-Noi« in Paris, die uns besonders klar und aufschlußreich zu sein scheint, geht von einer historischen und semantischen Analyse des Begriffs »Nationalismus« aus, der – ihrer Meinung nach – »voller ideologischer Absichten« steckt. Nach einer näheren Kennzeichnung des Begriffs als Lehre, die das Prinzip des Handelns auf den Mythos der Nation gründet, meinen die Autoren: »Wir begrüßen daher in diesem europäischen Kontext sehr die ›kritische und ablehnende Haltung‹ der deutschen Jugend gegenüber dem Nationalismus, von der Sie gesprochen haben. Die traurigen Erinnerungen an zwei Weltkriege und an die Hitler-Zeit genügen in der Tat, um eine solche Haltung zu rechtfertigen...«

Um die Probleme Vietnams richtig beurteilen zu können, komme es darauf an, sie wieder in den historischen Zusammenhang zu stellen; fast ein Jahrhundert lang habe Vietnam unter dem Joch des französischen Kolonialismus gelitten, und heute sei es der neokolonialistischen Herrschaft der Vereinigten Staaten ausgesetzt: »Unserer Meinung nach trägt der Kolonialismus – ebenso wie der Neokolonialismus – alle Zeichen eines maßlosen Nationalismus. Ebenso wie der Nationalist ist auch der Kolonialist von der Überlegenheit seiner ›Rasse‹ und seiner Kultur durchdrungen: Er betrachtet die Kolonisierten als Wesen niederer Art, als Untermenschen; er beutet die kolonisierten Länder aus, um damit der Größe seines eigenen Landes zu dienen. Warum zum Beispiel machen die Amerikaner heute (ungeachtet ihrer subtileren Propagandamethoden) diesen Krieg in Vietnam und spielen sich als Weltpolizisten auf, wenn nicht, um anderen Völkern den ›American Way of Life‹ aufzudrängen. Sind das nicht nationalistische Ziele par excellence?«

In ihren Augen ist es folglich »paradox, damals die Franzosen und heute die Amerikaner vom vietnamesischen Widerstand als ›nationalistisch‹ in einem sicher abwertend gemeinten Sinne« sprechen zu hören. Weder im anti-französischen Widerstand der Vietminh vor zwanzig Jahren noch im Kampf der Nationalen Befreiungsfront heute sei davon die Rede. Vielmehr seien es, ironischerweise, gerade die Kollaborateure der Franzosen und Amerikaner, die das Etikett des Nationalismus für sich in Anspruch nähmen – »im Gegensatz zu den internationalen Gefühlen, die die patriotischen Widerstandskämpfer bewegen«. Die Autoren stellen sich dann die Frage, ob es nicht das Phänomen einer dialektischen Umkehrung gebe, nämlich einen Nationalismus der Kolonisierten, und meinen, daß man damit eine gefährliche begriffliche Verwirrung heraufbeschwören würde: »... denn man stellt diejenigen, die herrschen, auf die gleiche Ebene mit denen, die diese Herrschaft ablehnen, und diejenigen, die ausbeuten, mit denen, die sich dieser Ausbeutung widersetzen. Wenn man vom Nationalismus im Zusammenhang mit den nationalen Befreiungsbewegungen sprechen will, dann muß man ihm eine völlig neue und andere Bestimmung geben... Dann bedeutet Nationalismus die Sehnsucht eines Volkes, seine Würde wiederzugewinnen oder zu erkämpfen, und sein Recht, eine unabhängige Nation zu sein, die mit anderen gleichberechtigt ist.«

Die Autoren wehren sich mit diesen Unterscheidungen gegen die Verwechslung ihres Kampfes um nationale Unabhängigkeit mit chauvinistischen Abenteuern. Vietnam habe keine Herrschafts- und Expansionsgelüste und sei »noch im Angesicht des amerikanischen Rassismus« bereit, das amerikanische Volk in sein Verständnis von Brüderlichkeit und Solidarität der Völker mit einzubeziehen.

Verflechtungen mit dem Norden

»Unsere Flüsse, unsere Berge, unsere Menschen werden immer bestehenbleiben. Wenn die amerikanischen Angreifer besiegt sind, werden wir unser Land zehnmal schöner wieder aufbauen... Unser Vaterland wird wiedervereinigt werden – unsere Landsleute im Norden und im Süden werden unter demselben Dach wiedervereinigt werden.« Diese Sätze aus dem politischen Testament Ho Tschi Minhs unterscheiden sich im Tonfall kaum von den Äußerungen vieler Studenten, die davon sprechen, daß »die Einheit Vietnams die Hoffnung aller Vietnamesen« sei. Nach ihren Vorstellungen befragt, wie diese Einheit eines Tages konkret aussehen werde, kommen die Antworten eher zögernd; man unterscheidet zwischen Wünschen und Möglichkeiten und weist auf die Schwierigkeiten hin, welche die unterschiedlichen politischen Systeme für eine Annäherung in allen Bereichen mit sich bringen würden. Auch im Hinblick auf die Einmischung der Großmächte scheut man sich vor Prognosen; einer fragt in diesem Zusammenhang zurück, wie man sich denn hierzulande die Lösung des gleichen Problems denke. »Zeit und Geduld und vor allem endlos viele Verhandlungen« wird es nach der Meinung eines Naturwissenschaftlers, der die Verhältnisse in Nordvietnam gut überblickt, erfordern, um die Einheit des Landes wiederherzustellen: »Durch die enge Verflechtung zwischen der Front (NLF) und den Nordvietnamesen sind aber bereits günstige Vorbedingungen und Erfahrungen da.«

Zu den »günstigen subjektiven Faktoren« rechnet ein Ingenieurstudent familiäre Bindungen: »Sehr viele junge Vietnamesen in unserer Generation haben ihren Vater in Nordvietnam. Angehörige vieler Familien leben jetzt in beiden Teilen.« Übereinstimmung herrscht noch am ehesten darüber, daß ein wiedervereinigtes Vietnam, »unter welcher Regierung auch immer«, blockfrei sein sollte, denn es sei sinnlos, sich »von den Franzosen oder Amerikanern zu befreien, um sich dann den Chinesen oder Russen zu ergeben, oder umgekehrt«. Die Bedeutung der Wiedervereinigung für die wirtschaftliche Unabhängigkeit Vietnams und die politische Stabilisierung Südostasiens wird von den informierten Studenten hervorgehoben.

Die Rolle des Buddhismus

Aber nicht nur nationale Unabhängigkeit und die Einheit Vietnams spielen in der Diskussion der Studenten eine wichtige Rolle. Der Aufbau einer gerechteren Gesellschaft steht für alle diejenigen im Zentrum, die sich mit der Situation in ihrem Land schon gründlicher beschäftigt haben. Danach gefragt, wie sie sich die Beziehungen zwischen Tradition und moderner Entwicklung in Vietnam vorstelle, antwortete die schon erwähnte buddhistische Gruppe mit einem Beitrag, der wegen seiner grundsätzlichen Bedeutung ausführlicher dargestellt werden soll. Es versteht sich für diese Gruppe von selbst, daß Strukturveränderungen im sozialen und wirtschaftlichen Bereich Voraussetzung jeglicher Entwicklung in einem unterentwickelten Land sind; sie gehen aber einen entscheidenden Schritt darüber hinaus, indem sie danach fragen, wie die »dem Land eigentümliche Tradition« die Revolution determiniere, die, selbst wenn sie radikal sei, ja auf diesem Boden stattfände:

»In welchem Umfang stellt die Tradition ein Hindernis für die Erneuerung der Gesellschaft dar? In welchem Umfang ist es wünschenswert und möglich, auf die positiven Elemente dieser Tradition zurückzugreifen? Diese Fragen sind um so berechtigter, als Soziologen festgestellt haben, daß traditionelle Vorstellungen in den Ländern, in denen eine Veränderung der sozialen und ökonomischen Struktur bereits stattgefunden hat, noch lange andauern. Dieses Phänomen erklärt sich durch die relative Autonomie von Ideologien in bezug auf die ökonomischen und sozialen Instanzen.«

Konfuzianismus und Buddhismus sind es vor allem, die die traditionelle Kultur Vietnams prägten und das Leben seiner Menschen bestimmten. Der Konfuzianismus, der die feudale Ordnung der vietnamesischen Monarchie als offizielle Ideologie legitimierte und der den einzelnen in ein dichtes Gefüge aus Autorität und Pflichten einordnete, mußte sich als »die konservative politische Doktrin par excellence«, als Hindernis für die Errichtung eines fortschrittlichen politischen Regimes erweisen. Zur Zeit des Diktators Diem stand diese Doktrin noch hoch im Kurs. Heute gibt es nach Ansicht der erwähnten buddhistischen Autoren in Südvietnam keine politische Gruppierung, die den Konfuzianismus in diesem Sinne in Anspruch nimmt, wohl aber gelange ein anderer Zug des konfuzianischen Denkens zu Bedeutung: »Gerade weil der Konfuzianismus die enge Bindung des Menschen an die Gesellschaft kennt und ihn nicht als einsames Individuum und isoliert von der Gemeinschaft sieht, sind manche Soziologen heute der Auffassung, daß die konfuzianische Moral in gewissem Umfang die Übernahme des Sozialismus begünstigt.«

Darin läge eine der wichtigsten Erklärungen für den Erfolg der sozialistischen Revolution in China und Nordvietnam. Nachdem der Konfuzianismus im vierzehnten Jahrhundert zu einer Art Staatsreligion geworden war, wurde der Buddhismus mehr und mehr zur Religion der bäuerlichen Massen; er vermischte sich mit volkstümlichen Glaubensvorstellungen über Natur- und Ortsgeister; mit rituellen Praktiken und abergläubischen Gebeten hoffte man, die Gnade Buddhas zu erwirken. Darin liegt – nach Meinung dieser Studenten – ein negativer, allzu passiver Zug des Glaubens. Mit der »Rückkehr zu den Quellen«, die seit bald vierzig Jahren zu beobachten sei, vollziehe sich aber eine Erneuerung der buddhistischen Lehre. Heute sind »die Buddhisten in Südvietnam aktiv am patriotischen Kampf gegen die Amerikaner und für die nationale Unabhängigkeit« beteiligt. Seit der Gründung der Vereinigten Buddhistischen Kongregation Vietnams – nach dem Sturze Diems – habe diese religiöse Gruppierung eine breite Basis gewonnen, so daß sie bei der »nationalen Versöhnung nach dem Krieg eine wichtige Rolle spielen« könne: »Dies um so mehr, als die buddhistische Philosophie unserer Meinung nach ganz und gar vereinbar ist mit fortschrittlichen politischen Lehren, ja sogar dem Sozialismus. Der Buddhismus hat die Befreiung des Menschen von seinen Leiden zum Ziel, ganz gleich in welcher Form diese auftreten. Und da auf der gesellschaftlichen Ebene die wahren Ursachen für das Leiden in einem unterentwickelten Land wie Vietnam, das von Fremden beherrscht wird, die sozialen Ungerechtigkeiten, die feudale und kapitalistische Ausbeutung sind, ist nicht einzusehen, warum überzeugte Buddhisten nicht aktiv dazu beitragen sollten, diese Ursachen zu beseitigen.«

Was werden die Katholiken tun?

Als eine der Grundvoraussetzungen der sozialen und ökonomischen Entwicklung Vietnams betrachtet eine junge Sozialwissenschaftlerin in Paris die Emanzipation der Frau. Die konfuzianisch-patriarchalische Familienordnung, die unter dem auch hier bekannten Vorwand, die »natürlichen Eigenschaften der Frau zu respektieren«, sie vom öffentlichen und politischen Leben fernzuhalten versucht, gerät immer mehr in Konflikt mit der Realität: »Seit fünfundzwanzig Jahren beteiligen sich die Frauen Vietnams entscheidend mit am Kampf für die nationale Befreiung. Sie haben dazu beigetragen, die traditionelle Auffassung von der Frau zu zerstören, die immer noch im Kopf der Männer, vor allem aber auch in ihrem eigenen, zu Hause ist.«

Ein Auslandsstudium gehört offenbar selbst im Krieg noch immer zu den Privilegien der Männer, zumindest in Südvietnam. Nur wenige Mädchen werden in der Bundesrepublik ausgebildet, zumeist in »typisch weiblichen« Berufen, als Hebamme, Kindergärtnerin, Dolmetscherin; ihre Beiträge zu diesem Fragebogeninterview überzeugten durch die Klarheit ihres politischen Urteils und durch ihr soziales Engagement.

Als »fünfte Kolonne der Kolonialmacht« von vielen Vietnamesen beargwöhnt, ist es das Trauma nationalbewußter Katholiken in Vietnam, für unpatriotisch gehalten zu werden; ihre Auseinandersetzung mit der Tradition einer europäischen Missionskirche schließt die Auseinandersetzung mit dem Kolonialismus notwendig ein. Junge vietnamesische Katholiken stellen sich heute die Frage, welchen Beitrag sie zur Erneuerung ihrer Gesellschaft leisten und auf welche Weise sie das seit der Willkürherrschaft des katholischen Despoten Diem zerstörte Vertrauen ihrer buddhistischen Landsleute wiedergewinnen können.

Das Dilemma der katholischen Kirche in Vietnam und die Haltung eines großen Teils der katholischen Bevölkerung im Westen gegenüber dem Krieg in Vietnam waren Gegenstand einer kritischen Analyse katholischer Laien und Priester in der Bundesrepublik. Das Ergebnis ihrer Arbeit wurde als »Memorandum des Bensberger Kreises« vor einem halben Jahr (1968) der Öffentlichkeit zur Diskussion gestellt. Wie beurteilen vietnamesische Katholiken der jungen Generation dieses kritische Papier? Hier als Beispiel die Antwort eines dezidierten Christen: »Der Bensberger Kreis verdient größtes Lob für seine wissenschaftlich objektive und konstruktive Arbeit. Um klarzumachen, was ich meine, möchte ich einige besonders wichtige Punkte hervorheben: Die engagierte Haltung des Christen gegenüber der Politik und ganz konkret gegenüber dem Krieg in Vietnam und gegenüber den unterdrückten Völkern. Gleichgültigkeit bedeutet Unterstützung eines Unterdrücker-Regimes; ein blinder Antikommunismus bedeutet Solidarisierung mit den Herrschenden.« Seiner Meinung nach sind die Gründe für den Krieg und seine Entwicklung »sowie alle Versuche, das Land in den beiden Regionen aufzubauen, sehr richtig dargestellt: die Schwierigkeiten und die Erfolge im Norden, das Scheitern und die Korruption im Süden. Die fremde, entfremdete und reaktionäre Haltung des größten Teils der Kirche in Vietnam.« Was die Haltung der Kirche und der Christen in der Bundesrepublik anbetrifft, meint er: »Die Autoren – und ich bin mit ihnen darin einer Meinung – heben die falsche Einstellung der deutschen Christen hervor. Diese sehen die Situation Nord-Süd, kommunistisch-katholisch in Vietnam genauso, wie die Situation Ost-West, kommunistisch-katholisch in ihrem Land. Diese Art deutscher Christen, das Problem zu sehen, verfälscht die Situation. Vietnam war ein kolonisiertes Land; der Kommunismus hat das Land befreit, und das Christentum hat sich seinem eigenen Land entfremdet! Vietnam ist ein unterentwickeltes Land. Eine Verbesserung des Lebens für das Volk erfordert eine gewisse aufgeklärte Planung.«

Zu den dringendsten Aufgaben, die nach Friedensschluß in seinem Land zu lösen sein werden, zählt ein junger katholischer Vietnamese den Aufbau einer gerechteren Gesellschaft, die »dem kleinen Mann ein menschenwürdigeres Leben ermöglichen soll«. Wie groß die Gruppe fortschrittlicher Katholiken in Vietnam heute ist, läßt sich kaum überblicken. Möglicherweise hat der Studentenpfarrer Pater Haas recht, wenn er meint, daß ihr Einfluß eines Tages größer sein könne als ihre Zahl und daß sich die Haltung der Katholiken rasch ändern würde, wenn die Führer der in mittelalterlicher Ordnung gehaltenen Flüchtlinge aus dem Norden den Geist der Zeit begriffen und einen Kurswechsel vollzögen.

Wirtschaftsaufbau aus westlicher Sicht

Laut Agentur- und Pressemeldungen vom 13. Mai 1969 wird der Wiederaufbau Südvietnams nach Experten-Schätzungen in den ersten zehn Jahren insgesamt 2,5 Milliarden Dollar, also zehn Milliarden Mark, kosten. »Die Kriegsausgaben von nur fünf Wochen würden« – nach den gleichen Quellen – »die Devisenkosten des gesamten Zehnjahres-Aufbauprogramms dekken.« In diesen und ähnlichen Meldungen, die seit dem Ende des amerikanischen Bombenkriegs gegen Nordvietnam (1968) immer wieder zu hören sind, stehen die Kosten des Aufbaus im Mittelpunkt. Vertraute Vorstellungen werden wiederbelebt: es ist die Rede von den »Entwicklungsmöglichkeiten des Indochina-Marktes«, von Vietnam als »Rohstofflieferant und Absatzmarkt«; man plant schon heute einen »wirtschaftlichen Boom für das verwüstete Land« (*Die Zeit* vom 28. Februar 1969), in dem auch »die Perle des Orients«, Saigon, als Metropole wiedererstehen soll, vielleicht schöner noch als zur Zeit der französischen Kolonialherrschaft (Westdeutscher Rundfunk im September 1969). David Lilienthal – früher Leiter der Atomenergie-Kommission und heute Vertreter einer privaten Beratungsfirma, die eng mit der US-AID, der Organisation für amerikanische Wirtschaftshilfe, zusammenarbeitet – erstellte zusammen mit Saigons Minister für die Nachkriegsplanung Vu Quoc Thuc den bereits erwähnten Expertenbericht der Entwicklungsgruppe, in dem »ein liberales Wirtschaftssystem empfohlen wird, das der privaten Initiative viel Spielraum läßt«. An wessen Initiativen dabei gedacht ist, bleibt offen. Daß in der Vergangenheit immer nur wenige Vietnamesen von einem »wirtschaftlichen Boom« des »Indochina-Marktes« profitiert haben, wird nicht diskutiert. Welchen »Spielraum« der freie Wettbewerb hungernden Bauern läßt, ist ein offenes Geheimnis.

Vietnamesische Prioritäten

Vor diesem Hintergrund interessierten uns die Vorstellungen vom Aufbau des Landes, wie sie von Angehörigen der jungen Generation Vietnams diskutiert werden. Die größere persönliche Vertrautheit dieser hier in der Bundesrepublik und in Frankreich studierenden Vietnamesen mit westlichen Auffassungen, ihre Erfahrungen mit westlichen Sozial- und Wirtschaftsordnungen gibt ihren Antworten eine zusätzliche kritische Dimension. Wie sehen sie die Probleme Vietnams nach dem Vietnamkrieg?

Mit zwei Ausnahmen stellen alle befragten Studenten soziale und politische Probleme des Aufbaus in den Vordergrund ihrer Überlegungen. Die Prioritäten liegen für sie ganz deutlich auf sozialem Gebiet: »Gesundheitsfürsorge, Wohnungsbau, Versorgung der Kriegsverletzten und Flüchtlinge, präventive Medizin und Geburtenkontrolle«. Fragen der Erziehung spielen ebenfalls eine große Rolle, »nicht nur in der Schule und Universität, sondern sozial und politisch«. Auch »die Abschaffung des Patriarchats und rein familienbezogenen Denkens« wird genannt. Ferner: »Sozialreformen«, die »Umverteilung des Bodens«, eine Bodenreform, »Rationalisierung der Methoden«. Eine Politik der Versöhnung wird gefordert: »Die Menschen müssen lernen, mit Menschen anderer Ideologien und Religionen zusammenzuleben. Aufbau einer sozialen und demokratischen Gesellschaft, in der auch Minderheiten leben können.«

»Die Bildung eines Ideals für die junge Generation« wird ebenso gefordert wie die »Einigung aller Kräfte der Nation zu einem politisch stabilen Staat«. Diese Aussagen mögen Präzision vermissen lassen, sie machen aber deutlich, wie bewußt es den Studenten ist, daß in Vietnam mehr zerstört wurde als die Wirtschaft und die Infrastruktur.

Verantwortlich für das Elend und den Krieg

Das Urteil über Geschichte und Gegenwart bestimmt die Vorstellungen von der Zukunft. Wer ist nach Meinung der befragten Vietnamesen verantwortlich für das Elend im Land, und wie sehen ihre sozialen und wirtschaftlichen Modelle für die Gesellschaft von morgen aus? Ein Ingenieurstudent spricht für viele seiner Landsleute, wenn er »Frankreich für Armut und Mißstände in Südvietnam hauptsächlich verantwortlich« macht. »Vietnam könnte schon seit 1945 unabhängig und demokratisch sein«, aber die Franzosen hätten Vietnam wieder als Kolonie beherrschen wollen; später hätten sie leider Vietnam den Amerikanern verkauft. «Wenn die Amerikaner uns wirklich hätten helfen wollen, dann könnten wir schon mit ihrer Hilfe unser Land industrialisiert und einen höheren Lebensstandard haben, dann hätten wir den schmutzigen Krieg vermieden.« Auf der Seite der Vietnamesen machen zahlreiche Studenten »das feudalistische Mandarinensystem«, die »Monopolstellung der Grundbesitzer«, die korrupte Regierung und solche Vietnamesen verantwortlich, »deren Reichtum von der ausländischen Anwesenheit in Vietnam abhängt«. Für die politisch weniger informierten Studenten ist der Krieg die Ursache des gegenwärtigen Elends – nicht eine seiner Folgen: »Der Krieg! Die Verantwortlichen für den Krieg. Die Kolonialmächte Frankreich und Japan. Kommunisten sowie Marionetten-Nationalregierungen!«

Solche pauschalen Urteile sind aber auch Zeugnisse objektiver Verzweiflung. Zur Zeit der französischen Kolonialherrschaft versuchte man, die junge Intelligenz mit »Sport und Poesie« von den nationalen und gesellschaftlichen Problemen Vietnams fernzuhalten. Daran hat sich – der Sache nach – bis heute wenig geändert. Politische Bildung und sozialwissenschaftliche Studien werden von Studenten, die schon länger in der Bundesrepublik oder Frankreich studiert haben, im Rückblick auf ihr Erziehungssystem in Süd-Vietnam häufig vermißt.

Die Verantwortung für den Krieg liegt, nach Meinung eines Medizinstudenten, »bei den Gruppen, die bei der Wahrnehmung ihrer Interessen die des vietnamesischen Volkes vernachlässigt haben«; diese hätten Konflikte unterdrückt oder verdrängt, statt sie »durch vernünftige Lösungen im Rahmen einer am Wohl der gesamten Nation orientierten Politik« beizulegen. Daß »die Verantwortung für die gegenwärtigen Schwierigkeiten in Vietnam«, wie Robert Kennedy meinte, »vorwiegend bei den Vietnamesen selbst und nicht bei den Amerikanern« läge, wird von vielen Studenten bedingt akzeptiert. Dieser Ausspruch (zu dem unter Punkt 7 um Stellungnahme gebeten wurde) forderte jedoch in fast allen Fällen zu einer bitteren Betrachtung der Ursachen des Krieges heraus, meist in dem Sinne, daß die Einmischung der Großmächte, insbesondere der Vereinigten Staaten, dafür verantwortlich gemacht wird. »Ich würde sagen: Diese Verantwortung liegt vorwiegend bei einigen vietnamesischen Politikern (sind sie dieser Bezeichnung würdig?)... Anders gesagt: sie liegt vorwiegend bei den Amerikanern, die nichtstauglichen Vietnamesen ihre Unterstützung gewährt haben«, meint ein Student, der sich neben seinem Studium intensiv mit politischen Problemen beschäftigt und viele Bücher zum Thema Krieg in Vietnam gelesen hat.

Die Antwort vieler Studenten verrät Erbitterung: »Die Amerikaner müssen sich doch fragen, ob sie die Vietnamesen richtig verstanden haben, ob sie die Absicht haben, den Vietnamesen zu helfen: Brauchen wir US-Militärbasen, US-Dollar – ein großer Teil davon um Waffen, Flugzeuge, Kaugummi und Butter zu kaufen –, um eine unabhängige Wirtschaft aufzubauen? Mit ›Freiheit und Demokratie made in USA‹ wissen wir nichts anzufangen.«

Für Korruption, Armut und Prostitution, für die Zerstörung der vietnamesischen Gesellschaft machen sie vor allem die Amerikaner und den »American Way of Life« verantwortlich. Nach diesem Krieg könnten die Vereinigten Staaten zwar sagen, daß sie in Viertnam »eine Menge Geld verloren haben, aber haben die Vietnamesen mehr Krankenhäuser, mehr Schulen, Fabriken, Dämme? Haben wir mehr Lehrer, Ärzte, Ingenieure? Oder haben wir mehr Militärbasen und Soldaten?«

Modelle

Als Modell für eine zukünftige Entwicklung, als Vorbild, werden die Vereinigten Staaten nicht genannt. Ebenso fehlt die Sowjetunion, die noch bei der Bildung der lokalen Revolutionsräte, den ersten vietnamesischen Xo-Viets, in Nord-Annam, Anfang der dreißiger Jahre Pate gestanden hatte. Als Beispiel für die Entwicklung Südvietnams nennen einige Studenten Nordvietnam und begründen dies so: »Sie haben genug zu essen, genug zu leben, das ist alles, was unser Volk wünscht. Ich halte es für schlecht, wenn einige in Luxus leben und die meisten in Armut leben müssen.« Diese Studenten sind beeindruckt von der größeren Gerechtigkeit, den technischen Fortschritten und der Unabhängigkeit des Nordens: »In manchen Hinsichten, wie zum Beispiel dem Gesundheitswesen, der Erziehung der Bauern und armen Leute, der Gründung von technischen Schulen und technischen Universitäten, der Forschung in Geschichte, Archäologie, Erdkunde und Völkerkunde, der Industrialisierung, Sozialisierung, Beachtung der Religionen...« kann – nach Meinung eines anderen Studenten – Nordvietnam für den Süden Vorbild sein, sonst aber kritisiere er »das ewige einparteiische politische System«. »Kulturellen Pluralismus« vermißt ein junger Techniker, der im übrigen mit ähnlichen Begründungen die Entwicklung im Norden – seit dem Abzug der Franzosen – bewundert.

Die Vietnamesen sollten sich bemühen, bei der Industrialisierung ihres Landes aus den Fehlern anderer Länder zu lernen, empfiehlt ein Volkswirt: »Ich bin der Meinung, daß sie sich nicht so sehr an der Entwicklung in Europa, sondern vielmehr an der verwandter asiatischer Nationen, zum Beispiel Japan und Formosa (Taiwan), orientieren sollten.« Besonders Taiwan biete ein gutes Beispiel für die Wirtschaftsentwicklung in einem Agrarland. Zuerst müsse die Landwirtschaft bei gleichzeitiger Förderung des Handwerks gestärkt werden. Der nächste Schritt sei der Aufbau einer kleinen Industrie, und »wenn genügend Kapitalien, Fachkräfte und Erfahrungen gebildet worden« seien, dann erst sei »an große Projekte zu denken«.

Diese Vorstellungen erinnern an den Stufenplan Walt Rostows zur Entwicklung unterentwickelter Länder, der ein »organisches Wachstum« der Wirtschaft anstrebt. In diesem Plan sind grundlegende Veränderungen der Sozialstruktur – wie sie von den meisten informierteren Studenten für Vietnam gefordert werden – nicht vorgesehen. Ausländische Kapitalgeber blieben also zur Zusammenarbeit angewiesen auf eine korrupte und unfähige Schicht von Kompradoren und Grundherren, die bisher alle Reformversuche erfolgreich blockierte.

Deutschland, genauer gesagt die Bundesrepublik, wird von einigen jungen Studenten ebenfalls aufgrund seiner »Tüchtigkeit und Gründlichkeit« als Vorbild genannt, denn es habe doch »den Wirtschaftsaufbau in kürzester Zeit geschafft«. Andererseits sei es »nicht so fanatisch wie Japan«. Auch die Tatsache, daß beide Länder geteilt sind, fordert gelegentlich zu Vergleichen heraus, führt aber meist nur zu einer vage-emotionalen Identifikation.

»Eine mit der Konsumpeitsche künstlich hochgetriebene Volkswirtschaft hat keine Zeit, Atem zu schöpfen; sie ist daher Störungen gegenüber weitaus empfindlicher als eine Wirtschaft, die langsam, aber stetig aufbaut.« Das Beispiel »Westdeutschland« beweist einem Elektrotechniker vielmehr, »daß eine Konsumwirtschaft« letzten Endes auch »die Moral der Bevölkerung erheblich untergraben kann«. Dieser Student, der den Wohlstandsbürger kritisiert (die Behörden in diesem Land aber »entgegenkommend« findet), ist also keineswegs von unserem florierenden Wohlstand beeindruckt.

Daß man sich qualifizierte technische und landwirtschaftliche Erfahrungen zunutze machen sollte, fordert ein Student, der »zum Beispiel an holländische Erfahrungen für das Mekong-Delta und an israelische für Zentral-Annam« denkt. Schweden gilt einem anderen als Beispiel für ein Land, das seinen industriellen Aufschwung gleichzeitig mit einer sozialen Revolution verbunden habe. Von »freiem Unternehmertum« und »freiem Wettbewerb« ist kaum die Rede. Unter den befragten Studenten herrschen mehr oder minder ausgeprägte sozialistische Gesellschafts- und Wirtschaftsmodelle vor. Die Modelle weichen in einigen Fällen ganz erheblich von uns vertrauten politischen Vorstellungen ab. Ein katholischer Antikommunist, der die wichtigste Aufgabe nach einem Friedensschluß darin sieht, »jedermann eine gute Ausbildung« zu verschaffen, findet, daß die Regierung in Kuba dieses Problem vorbildlich gelöst hat. Dazu zitiert er Mao Tse-tung: »Zur Nahrung für ein Jahr pflanze Reis. Zur Nahrung für zehn Jahre pflanze Obst. Zur Nahrung für das ganze Leben gehe zur Schule.«

Die Intellektuellen und die Bauern

Die von uns befragten Studenten gehören zu einer kleinen Schicht bildungsprivilegierter Vietnamesen; sie steht einer breiten Masse vielfach noch analphabetischer Bauern gegenüber, die mehr als achtzig Prozent der Bevölkerung ausmachen. Aufgrund ihrer Qualifikationen, aber auch aufgrund einer alten vietnamesischen Tradition, die den Gelehrten, den Mandarin, mit den Aufgaben staatlicher Verwaltung betraut, fallen diesen Studenten damit eines Tages automatisch Führungsfunktionen zu. Die Frage lautete daher: »Was kann man Ihrer Meinung nach tun, um die (immer wieder diskutierte) Kluft zwischen der ländlichen Bevölkerung Vietnams und den Intellektuellen[1] zu überwinden?«

Ist sich diese Gruppe ihrer Verantwortung gegenüber dem Ganzen bewußt, und wird sie ihre Fähigkeiten, seien sie auch lediglich technischer Natur, aus privatem Profitinteresse nutzen oder bereit sein, sie aus sozialer Verpflichtung heraus einzusetzen? Ein im übrigen eher liberal orientierter Betriebswirt meint dazu: »Die Intellektuellen bilden in einer Agrargesellschaft die Schicht der Herrscher. Es existiert tatsächlich eine Kluft zwischen Intellektuellen und Bauern. Der Befreiungskrieg gegen

1 Als Intellektuelle sind hier akademisch gebildete Vietnamesen bezeichnet; früher die Mandarine.

Frankreich, an dem viele Intellektuelle teilnahmen, brachte diese der ländlichen Bevölkerung näher. Die Praxis der Kommunisten, die Intellektuellen aufs Land zu schicken zur direkten Teilnahme an der Produktion, ist der sicherste Weg zur Verständigung und Überwindung der Kluft.«

Auch ein Naturwissenschaftler ist der Ansicht, daß die Intellektuellen im revolutionären Befreiungskampf genug Gelegenheit gehabt hätten, diese Kluft zu überwinden, die seiner Meinung nach noch in die Zeit der Feudalherrschaft zurückreicht, wenn sie auch damals nicht so ausgeprägt gewesen sei. Heute bildeten die Intellektuellen die städtische Oberschicht; sie übernähmen europäische Kultur, beziehungsweise »das, was sie dafür halten, und deren Wertvorstellungen: Individualismus, Kapitalismus, Demokratie ... die nicht dem Interesse der Gesamtbevölkerung dienen ...« Ein junger Arzt setzt die Akzente anders: »Mehr als irgendwo, oder nicht weniger, werden die Intellektuellen in Vietnam von der ländlichen Bevölkerung hochgeschätzt.« Geschichte und Literatur hätten dies bewiesen. Revolutionsbewegungen seien immer von den Intellektuellen angeführt worden, und die Bauern hätten zu ihnen gestanden, wenn die Ziele dieser Bewegungen nationale Unabhängigkeit und die »Verbesserung der Lebensbedingungen der Bevölkerung« gewesen seien.

Der zuletzt erwähnte Naturwissenschaftler fordert, die Intellektuellen sollten ihren Machtanspruch endlich aufgeben, »die Bauern nicht immer nur als dumme Masse behandeln, die nur dazu da ist, die schwerste Arbeit unter totalen Ausbeutungsbedingungen zu tun und zu gehorchen«. Es käme darauf an, die Bauern überhaupt erst einmal kennenzulernen. Mehrere Studenten weisen auf das Beispiel Nordvietnams hin. Dort ist, durch das Prinzip, Fachleute und Spezialisten zur Erziehung der Erzieher als Multiplikatoren einzusetzen, das Bildungssystem in großem Umfang verbreitert worden.

Die Basis: Bodenreform

Seit in den dreißiger Jahren die vietnamesischen Kommunisten mit der Parole »Land für die Landlosen« den Widerstand gegen Kolonial- und Feudalmacht erfolgreich mobilisierten, ist die Bodenreform das zentrale politische und soziale Problem Vietnams. Es gibt keine innenpolitische Befriedung ohne seine Lösung. Im sogenannten »Kampf um die Herzen der Bauern« sprachen amerikanische Politiker schließlich davon, daß man dem »Vietkong die Revolution stehlen« müsse. Welche Vorstellungen haben die Studenten von diesem Herz- und Kernstück aller Reformen in ihrem Land? (Die Antworten auf diese Frage waren in gewisser Hinsicht auch ein Gradmesser ihres politischen Urteilsvermögens; sie wurde von auch sonst schlecht informierten Studenten zum Beispiel nicht oder nur unzureichend beantwortet; umgekehrt antworteten gut unterrichtete Studenten hierauf besonders ausführlich und konkret.)

»Eine Bodenreform ist unentbehrlich. Die bisherigen Maßnahmen entsprechen nicht dem Sinn einer echten Bodenreform, sondern dienen nur Propagandazwecken. Die armen Bauern, die nur durch Bodenreform in den Besitz eines Stück Ackers kommen, brauchen Geld, um ihr Land zu bestellen. Hilfe seitens der staatlichen Kreditinstitute sollte sie vor Wucher bewahren«, meint ein Ingenieurstudent. Andere fordern »Annullierung des heutigen Eigentumsrechts der großen Grundbesitzer«, »mehr Genossenschaften«, »gerechte Bodenverteilung«, »Modernisierung der Landwirtschaft« durch »Schulung der Bauern«, eine »Kontrolle der Reispreise«, »Aufbau von Genossenschaftsläden in den Dörfern«, Kooperation für eine »Gesamtplanung, Kanalisation, Bewässerung, Maschineneinsatz«, »die Ausbildung von landwirtschaftlichen Technikern«, »Anschluß eines jeden Dorfes an eine Verkehrsverbindung«, Beteiligung der Bevölkerung an Verwaltung und Regierung, mehr Schulen und Krankenhäuser. Ferner: »die Entwicklung zur Multikultivierung. Rationalisierung des Bodens für verschiedene Zwecke und Nebenzwecke wie: Fischerei, Holzgewinnung, Geflügel-, Schweine- und Büffelzucht, überhaupt die Verarbeitung der Produkte.«

In der Frage der Bodenreform kommen alle jene Studenten, die sich bereits gründlicher mit den sozialen, politischen und ökonomischen Problemen ihres Landes beschäftigt haben, zu ähnlichen Ergebnissen. Buddhisten, Marxisten und Katholiken plädieren für sozialistische Lösungen. Ihre Modelle unterscheiden sich nur in Nuancen. Vielleicht sind die Buddhisten bereit, mit mehr Geduld vorzugehen als eingeschworene Marxisten, und bei manchem Katholiken klingt noch etwas von der Hoffnung an, die von Diem versäumten Reformen dennoch im Geiste einer personalistischen Moral machen zu können. Aber auch ein Student, der an anderer Stelle die Auffassung vertritt,

»die Kommunisten dienten im Augenblick dem nationalen Wohl am meisten«, spricht sich in diesem Zusammenhang dafür aus, behutsam zu verfahren: »Unser Volk hat genug gelitten und gehungert seit Dekaden. Deswegen brauchen wir eine gewisse Menschlichkeit in der Planung. Ich meine: Wir dürfen nicht nur an die Zukunft denken, auch an die jetzige Generation müssen wir denken!« Gemeinsam ist allen diesen Studenten, daß sie – genau wie die Nationale Befreiungsfront – die bisherige Ordnung grundsätzlich in Frage stellen. »Das Problem der meisten asiatischen Länder ist ein Sozialproblem. Wer in der Lage ist, dieses Problem zu lösen, der dient dem Volk am besten, und der hat das Volk für sich«, konstatiert in aller Nüchternheit ein Student der Volkswirtschaft, den man nach seinen übrigen Aussagen sicher nicht für einen ›Kommunisten‹ halten kann. Die hungernden Bauern wüßten nichts von Kommunismus und Freiheit, aber die Kommunisten hätten »die Masse der Bauern für sich und damit die Mehrheit des Volkes«. Ein Student wendet ein, daß »die kommunistische Lösung sicher nicht die einzige« sei. Betrachten wir – als Alternative – die Vorschläge des bereits erwähnten buddhistischen Autorenkollektivs, das die Entwicklung der Landwirtschaft für die wichtigste Aufgabe beim wirtschaftlichen Wiederaufbau Vietnams hält, ganz im Gegensatz übrigens zu landläufigen westlichen Vorurteilen, wonach das Prestigebedürfnis der jungen Eliten in der Dritten Welt auf eine rasche Installation von Fluglinien und Schwerindustrie drängt.

Sozialistisches Konzept buddhistischer Studenten

»Achtzig Prozent der Bevölkerung sind Bauern. Das erste Problem, das am Morgen des Friedens gelöst werden muß, ist das Problem der Bauern. Um die Proletarisierung der bäuerlichen Welt und um das halbfeudale Agrarregime zu beenden, ist eine Agrarreform auf der Basis der Prinzipien ›Der Boden denen, die ihn bearbeiten‹ unerläßlich.« Die Autoren erinnern daran, daß es dieses Landproblem gewesen sei, das die ersten bäuerlichen Revolten und damit die Bewegung des gegenwärtigen Befreiungskampfes ausgelöst hätte. Um die Modernisierung landwirtschaftlicher Techniken rationell durchführen zu können, muß nach ihrer Meinung auf die Landreform eine Umgruppierung im Rahmen von Produktionsgenossenschaften erfolgen, »was auf fortschrittliche und demokratische Weise« geschehen solle. Die Genossenschaftsbewegung könne am Anfang mit Gruppen beginnen, die sich gegenseitig helfen, zum Beispiel mit einer Organisation, welche Dienstleistungen unter den Bauern austauscht. Sie könne sich zu Halbgenossenschaften entwickeln, in denen die Bauern zunächst Eigentümer ihres Bodens und ihrer Arbeitsgeräte blieben, aber beides der Leitung der Kooperative unterstellten. Schließlich sollten sie zu echten Genossenschaften werden, in denen Boden und Gerät der Allgemeinheit gehöre. Diese Genossenschaftsbewegung müsse sich von zwei Prinzipien leiten lassen: »der freien Zustimmung der Bauern (es muß ihnen freigestellt sein, der Genossenschaft anzugehören oder nicht) und der demokratischen Leitung durch die Versammlung der Mitglieder und das gewählte Verwaltungskomitee«. Eine entsprechende Agrarpolitik – Kredite, Preiskontrollen, Verkaufsorganisation – sollte diese Maßnahmen ebenso unterstützen wie entsprechende Erziehung und Mobilisierung der ländlichen Bevölkerung.

Wir wollen die ausführliche Antwort des genannten Autorenkollektivs auf die Frage, wie sie sich den wirtschaftlichen Aufbau Vietnams nach dem Krieg vorstellen, auch deshalb noch weiter zu Wort kommen lassen, weil man hierzulande schon beinahe zwanghaft Buddhismus mit Weltfremdheit assoziiert. Obwohl sein Papier in den Grundzügen manche Gemeinsamkeit mit dem Programm der Nationalen Befreiungsfront aufweist, ist es doch in vielen Punkten konkreter und geht in der Frage der Enteignung beispielsweise noch über die Forderungen der Front hinaus, die gewisse Eigentumsgarantien ausspricht. In einer Präambel wird der doppelte Aspekt des Kampfes, »den das vietnamesische Volk seit fünfundzwanzig Jahren führt«, hervorgehoben; zunächst sei dieser Kampf ein Befreiungskrieg für die nationale Unabhängigkeit, sodann aber »ein revolutionärer Krieg, der soziale und ökonomische Strukturveränderungen anstrebt, um eine nationale ökonomische Entwicklung und soziale Gerechtigkeit zu verwirklichen.«

Indem die Studenten kurz den beispielhaften Charakter der wirtschaftlichen Entwicklung in Nordvietnam skizzieren, betonen sie den Anspruch auf die Einheit des Landes. Bedeutsam erscheint ihnen der Erfahrungsvorsprung von nunmehr fünfzehn Jahren und ein stabiles sozialistisches System, das über ausgebildete Kader verfügt. Als knappster Beweis für die Stabilität der wirtschaftlichen Strukturen gilt ihnen die Tatsache, daß

Nordvietnams Wirtschaft unter amerikanischen Bomben nicht zusammengebrochen ist. In einer Übergangsperiode von sieben bis zehn Jahren müßte das Land vorrangig aus der totalen wirtschaftlichen Abhängigkeit gegenüber den Vereinigten Staaten herausgeführt werden: Südvietnam müsse sein Budget, seine Preise, sein Bank- und Kreditwesen ebenso wie seinen Außenhandel, der bis heute von Fremden beherrscht würde, wieder in eigene Regie übernehmen: »Südvietnam muß souverän seine Entwicklungsstrategie und die Ziele seiner Wirtschaftspolitik bestimmen, und zwar im Interesse des südvietnamesischen Volkes und nicht im Interesse fremder Kapitalisten und einer Minorität der Kompradoren-Bourgeoisie.«

Südvietnam solle sich dabei im wesentlichen nur auf seine eigenen Kräfte verlassen. Hilfe von außen solle nur eine komplementäre Rolle spielen, denn es könne sein, »daß in vielen Fällen seine Interessen nicht mit denen anderer Länder übereinstimmen. Diese könnten sich weigern, Südvietnam zu unterstützen, oder gar versuchen, es zu sabotieren«.

Industrialisierung

Auch die Industrialisierung Südvietnams solle man als »die Umstrukturierung der Gesamtheit seiner Wirtschaft und seiner Gesellschaft« konzipieren und nicht als eine beliebige Einrichtung von Industrien. Als eine langfristige Aufgabe betrachten die Studenten den Aufbau einer industriellen Basis vom Typ der chemischen, der Kunststoff- und Düngemittel-Industrie, ebenso der Eisen- und Stahl-Industrie und des Maschinenbaus. Für die unmittelbare Zukunft aber gehe es darum, die wichtigsten Gebrauchsgüter selber herzustellen und die Importe einzuschränken. Sie befürworten eine Kontrolle bei der Herstellung von Gütern für den unmittelbaren Bedarf. Landwirtschaftliche Geräte, hydraulische Ausrüstungen, Düngemittel seien für die Entwicklung der Landwirtschaft unerläßlich. Dafür müsse eine Basis geschaffen werden. Umgekehrt kann nach Meinung dieser Studenten ohne Finanzierung durch landwirtschaftliche Überschüsse die Industrialisierung nicht vorangetrieben werden, sie sei »der Motor der Entwicklung«, die Landwirtschaft aber deren Grundlage.

Diese Überlegungen gehen von der möglicherweise irrealen Erwartung aus, Vietnam könne und wolle sich fast völlig unabhängig von ausländischer Hilfe entwickeln. In der Frage der Finanzierung der Investitionen, die sie ausführlich erörtern, setzen die Studenten folgerichtig zunächst auf Selbsthilfe: Mobilisierung und Konsumverzicht, wobei allerdings der Lebensstandard nicht weiter verringert werden dürfe. Um diese Ziele zu erreichen, bedürfe es der »Planification«. Stufe für Stufe müsse landwirtschaftliche Entwicklung und Industrialisierung aufeinander bezogen werden. Da »das gegenwärtige Regime in Südvietnam ein Regime der Ausbeutung der arbeitenden Massen« sei, erfordere die wirtschaftliche Entwicklung eine Umwandlung der sozio-ökonomischen Strukturen. Verstaatlichung, Kontrolle und Kooperation in allen Sektoren der Wirtschaft sollten dazu beitragen, eine gerechte Verteilung der »Früchte der ökonomischen Entwicklung« zu sichern. Arbeitslosigkeit, Korruption und Nepotismus müßten eliminiert, »die Teilnahme der Arbeiter an der wirtschaftlichen Macht auf allen Stufen organisiert werden«.

Auf der Basis gleicher und gegenseitiger Vorteile solle Südvietnam mit allen Ländern, einschließlich der Vereinigten Staaten, ohne Diskriminierung Handel treiben. Wirtschaftliche Zusammenarbeit mit den Nachbarländern, besonders Laos und Kambodscha, technische und wissenschaftliche Kooperation mit entwickelten Ländern, die Ausbildung vietnamesischer Studenten und Praktikanten im Ausland vervollständigen den Katalog der Aufgaben. »Auf dem Gebiet von Handel und Hilfe erhofft sich Südvietnam« – nach Meinung der buddhistischen Autoren – »viel von der Bundesrepublik«. Die ökonomische Entwicklung des Südens dürfe jedoch nie die Wiedervereinigung mit dem Norden aus den Augen verlieren, die sich schrittweise, ohne Zwang, aber unaufhaltsam vollziehen werde.

Entwicklungshilfe und Unabhängigkeit

Dieses Konzept für eine unabhängige, »planifizierte« Wirtschaft trägt unverkennbar sozialistische Züge und mutet – in seiner Konsequenz – utopisch an. Fachleute für Wirtschafts- und Entwicklungshilfe mögen einwenden, daß die Auffassungen von Studenten politisch ohne Belang sind, da ihnen reale Erfahrungen und Einfluß fehlten. Dieser Einwand übersieht, daß sich die junge Intelligenz in den »Entwicklungsländern« nicht länger mehr mit einer nominellen Unabhängigkeit – wie in Lateinamerika – zufriedengibt. Sie fordert, die soziale und wirtschaftliche Entwicklung ihrer Gesellschaft in Übereinstimmung mit den Bedürfnissen des eigenen Landes gestalten zu können. Sie läßt sich nicht beeindrucken von der wirtschaftlichen Wirksamkeit solcher Modelle, die – aus Europa oder Amerika importiert – in vielen Fällen nur dazu führten, die sozialen Spannungen in ihren Ländern noch zu verschärfen, den Abstand zwischen arm und reich ins Unerträgliche zu steigern.

Die vollen Schaufenster Saigons vor dem Hintergrund seiner hundert Jahre alten Elendsviertel sind ein anschauliches Beispiel für eine derartige wirtschaftliche Scheinblüte.

Die Auffassung, daß »Entwicklungshilfe, wie sie heute betrieben wird«, die Unabhängigkeit gefährdet, weil »die politischen Interessen der gebenden Länder« im Vordergrund stehen, wird von der Mehrzahl der Studenten geteilt, auch wenn einige Einschränkungen machen, etwa daß dies unvermeidlich sei oder daß der Grad der Gefährdung von der zukünftigen Regierung abhänge. »Ist es utopisch zu hoffen, daß die entwickelten Länder – von welchem Block auch immer – großzügige und selbstlose Unterstützung in der Anfangsperiode gewähren werden, bis Vietnam beim Wiederaufbau zu einer wirklich selbständigen politischen Einheit geworden ist?« fragt einer von ihnen und meint, für den Anfang sei es besser, wenn alle Vietnamesen die eigenen Möglichkeiten ausschöpften. Auch die Alternative des Konsumverzichts wird von vielen der befragten Studenten akzeptiert, nüchtern und ohne Enthusiasmus, sozusagen als notwendiges Übel. Mit wenigen Ausnahmen beurteilen alle Studenten den Rückfluß von Vermögen vietnamesischer Bürger aus dem Ausland skeptisch. Einer meint, man solle nach einem Friedensschluß »einen Ermittlungsausschuß zur Überprüfung der illegalen Vermögensbildung einsetzen«, da es sich bei diesen Vermögen »hauptsächlich um Vermögen der Kriegsnutznießer« handele. Zum Thema Finanzierung des Aufbaus in Vietnam sei die folgende, typische Aussage wiedergegeben: »Ja, ich habe schon Sorgen, daß Kapitalimporte unsere nationale Unabhängigkeit nach einem Friedensschluß gefährden. Ich weiß, daß wir ohne Kapital sehr schwer oder gar nicht unser Land industrialisieren können, aber eine Wirtschaftshilfe oder eine Investition aus den USA oder von europäischen Ländern... bedeutet zugleich politische oder wirtschaftliche Abhängigkeit. Das wollen wir nicht... wenn eine

Wirtschaftshilfe mit Forderungen verbunden ist, dann sollen wir lieber selbständig sein. Diese Erfahrung kostete uns schon mehrere Generationen.«

Weg zum Frieden

Der spontane Ausruf »Frieden, Frieden und noch mal Frieden!« – mitten zwischen den Antworten eines jungen Technikers – bringt die Sorgen fast aller vietnamesischen Studenten um die unmittelbare Zukunft auf die knappste Formel. Welche Lösungen stehen zur Diskussion? Wie sehen die jungen Vietnamesen, die an unseren Hochschulen und Universitäten studieren, die Probleme eines Friedensschlusses? Mit unterschiedlichen Akzentsetzungen wird von den meisten die Bildung einer Koalitionsregierung als der einzige Weg zum Frieden angesehen: »Ein Friedensschluß ist nur möglich, wenn die Befreiungsfront und die jetzige Regierung sich an einen Tisch setzen, um eine Koalitionsregierung zu bilden.«

»Alles in allem meine ich: Eine Koalitionsregierung nach völligem Abzug fremder Truppen unter Einschluß der Vietkong-Führung und der jetzigen südvietnamesischen Regierung.«

»Ich fürchte, die Bildung einer Koalitionsregierung ist der einzige Weg zum Friedensschluß in Südvietnam.«

»Bildung einer Koalitionsregierung. Die Arbeit dieser Regierung besteht darin, das militärische Problem zu lösen, die Wunden des Krieges zu heilen und die Vorbereitung für allgemeine Wahlen durchzuführen.«

Eine Gruppe junger Katholiken in der Bundesrepublik fordert: »Nach dreißig Jahren Krieg sehnt sich das vietnamesische Volk mehr denn je nach Frieden, der jedoch nur möglich ist, wenn das Volk wirklich selbst über sein Schicksal bestimmen kann.« Sie halten Vietnams Unabhängigkeit für die unerläßliche Voraussetzung einer friedlichen Entwicklung. Die augenblickliche Teilung des vietnamesischen Territoriums sei nur provisorisch. Der Norden und der Süden müßten »in einem einzigen, unabhängigen und prosperierenden Vietnam vereinigt werden«. Das liest sich fast wie die Präambel des Programms der »Allianz« oder der Nationalen Befreiungsfront. Wie sehen diese vietnamesischen Katholiken die weiteren konkreten Schritte? Sie halten es für absolut erforderlich, daß »die Regierung der Vereinigten Staaten ihren guten Willen beweist, indem sie die Feindseligkeiten in Vietnam sofort einstellt und in kurzer Frist die Gesamtheit ihrer Truppen sowie die ihrer Satelliten repatriiert«. Die auf südvietnamesischem Gebiet errichteten Militärbasen müßten aufgelöst werden. Die gegenwärtige Regierung in Saigon solle durch eine Regierung ersetzt werden, »die repräsentativ ist für alle Kräfte, die für den Frieden, die Unabhängigkeit und die Neutralität Südvietnams kämpfen«. Diese Regierung solle auf der Friedenskonferenz in Paris vertreten sein, damit man dort vorankomme. Nachdem Frieden eingekehrt sei, ginge es um zwei Hauptaufgaben: die »Organisation freier Wahlen, um die Koalitionsregierung zu bilden« und den »Wiederaufbau des Landes«.

Vietnamisierung des Friedens

In diesen Fragen stimmen also fortschrittliche Katholiken mit Buddhisten, Anhängern der »Allianz« und der Nationalen Befreiungsfront im Prinzip überein. Die Formel von der »Vietnamisierung des Krieges« findet sich in keinem Beitrag, in keinem Gespräch als Möglichkeit für die Zukunft Vietnams. Nicht einmal fanatische Antikommunisten sprechen davon (sie hätten sonst wohl auch selber zum Gewehr greifen müssen!). »Die Abwälzung der Kriegslast auf den vietnamesischen Verbündeten«, die seit der Rede Nixons vom 3. November 1969 auch »offiziell zur Leitlinie« der amerikanischen Vietnampolitik erhoben wurde, enthält keine Perspektive für den Frieden. Wollen die Vereinigten Staaten das Saigoner Regime weiter stützen? Wollen sie mit eiserner Faust das Land in seinem gegenwärtigen Chaos, in Krieg, Korruption und Elend festhalten, jede Bewegung, jede Veränderung im Status quo durch diese Rückendekkung im Keim ersticken? Wollen sie eine »Vietnamisierung des Friedens« mit Macht verhindern?

Fortschrittliche Vietnamesen, Sozialisten aller Konfessionen fordern eine völlige Veränderung der gesellschaftlichen Strukturen, die noch immer von Feudalismus und Kolonialismus geprägt sind. Wollen die Vereinigten Staaten das, was einer der Studenten einen »vietnamesischen Sozialismus« genannt hat, um keinen Preis zulassen? Da »man auf Vietnam wegen seines Modellcharakters besonders achten wird«, möchte ein Mathematiker, daß »es doch endlich einmal nachahmenswerte sozialistische Staaten geben« sollte; er plädiert für eine Koalitionsregierung unter Einbeziehung der »Allianz« und noch weiterer »Nationalisten«, »weil die Bourgeoisie nicht von heute auf morgen abgeschafft werden« könnte, »natürlich durch Gewalt, aber das wäre Irrsinn«. Und ein junger Katholik meint: »Es wäre daher zu wünschen, daß Südvietnam den Weg eines humaneren Sozialismus gehen könnte, und zwar in Form eines politisch neutralistischen Regimes.« Aber die Frage eines vietnamesischen Studenten, »ob die Vietnamesen die Situation in ihrem Land selbst bestimmen können«, bleibt unbeantwortet. Wir sollten uns hier in Europa bewußt sein, welche Bedeutung sie hat für die Zukunft Vietnams.

Renate von Gizycki

Die Kunst der Delphine
oder
Flipper in Vietnam

Vor tausend Jahren schon
bewunderten wir
die Kunst der Delphine

ihre Sprache
ihre glatte Haut

die klatschende prustende
Lebensfreude
wenn sie in die Luft springen
tauchen
springen

als hätte irgendwer
ihnen zuliebe
das Meer vergoldet

als ginge die Sonne
hinter der Insel
nur ihnen zum Spaß ins Wasser

Was gäben die Mönche darum
ihrem Herrn
so nahe zu sein!

In ihren Büchern
trugen die Mönche das lustige Tier
zu den Heiden
gaben ihm al fresco und hoch im Gewölbe
im Kloster Corvey einen gottnahen
einen viel bestaunten Platz

Andere
ebenfalls Missionare
erkannten
das Menschliche im Delphin

sie lehrten ihn
auf Kommando zu springen
brachten ihm bei
seinen Fisch zu verdienen

Zur Freude der neuen Meister
wurde er
unter Wasser und für die Sache
der freien Welt
fast so gut wie ein Mensch

der Befehlen gehorcht
der Sender bedient
der

wenn es drauf ankommt
im Mekong
und für den Vietkong
Minen plaziert

und während
zum Jubel der Kinder
der Fernsehflipper im Becken
nach Bällen springt

verlassen
die ersten Delphine
menschlich gelehrt
ihre Spiele

bereit
für den Tod
in Vietnam.

Drei Fragen an einen Tierfreund

Politik
interessiert dich nicht
My Lai
sagst du
geht dich nichts an
daß man
Bauernhütten zerstört
dafür wird es
Gründe geben

wer aber
sag
füttert die Katze?

Daß man den Reis
schon am Halm
vergiftet
findest du
unvermeidlich denn
er ernährt
den Feind

was aber
sag
nährt den Büffel?

Daß die Mangrovewälder
am Fluß verbrennen
ist doch nicht
deine Schuld
warum
verstecken sich dort
die Vietkong?

Dafür gibt es Gründe
aber
hast du bedacht
wo nun die Reiher nisten?

(1971)

Reisbauern und Mandarine

Zur Sozial- und Kulturgeschichte Vietnams (1967)

»Et toute science doit tendre à éclairer l'action«

Le Thanh Khoi

8. Januar 1967
Flüchtlinge verlassen das Tal von Khe Sanh. Bei den Kämpfen um den Stützpunkt Nha Trang mußten Zivilisten fluchtartig ihre Häuser räumen. Entlang der entmilitarisierten Zone wird die Bevölkerung evakuiert. In der Ebene von Bong Son haben amerikanische Truppen das südvietnamesische Dorf Truong Lam niedergebrannt, weil sie dort nordvietnamesische Truppen vermuteten.

Nachrichten aus Vietnam. Ein Beispiel:

»Am Nachmittag hatten sich 3800 Männer, Frauen und Kinder weisungsgemäß auf dem Dorfanger versammelt, und im ausgebrannten Schulhaus erklärte ein vietnamesischer Provinzialbeamter den fünfzig Dorfältesten: ›Ihr und eure Leute müßt dieses Dorf verlassen. Wir werden Transportmittel für eure Kinder und das Vieh zur Verfügung stellen. Ihr werdet unter sicherem Begleitschutz in ein Flüchtlingslager gebracht.‹

Der Bürgermeister protestierte: ›Wir wollen unsere Felder und Häuser nicht aufgeben. Hier haben wir unser ganzes Leben lang gearbeitet. Wir wollen nicht unter der Terrorherrschaft des Vietkong leben, aber wir wollen auch unsere Heimat nicht verlassen.‹ Doch der Appell half nichts. Die große Ansiedlung wurde vollständig evakuiert. Und wenige Tage später eingeebnet. Heute ist Ben Suc ein Trümmerhaufen, wo kein einziger Hahn mehr kräht.«

Nur ein Beispiel. Nachrichten wie diese AP-Meldung über das Dorf Ben Suc finden wir fast täglich in unseren Zeitungen. Erreichen sie unser Bewußtsein?

Nach der letzten Umfrage (1967) der Allensbacher Meinungsforscher verfolgen zwar fünfundsiebzig Prozent der Bundesbürger den Krieg in Asien mit Interesse. Wir sind inzwischen gut informiert über die täglichen Kosten des Kriegs, über Armierung, Bombenmengen, Truppenkontingente, »Erfolgs«-

und Verlustziffern. Die Hoffnungen und Befürchtungen amerikanischer Wähler und chinesischer Parteiführer sind bekannt. Was aber wissen wir über das Land und seine Menschen?

Nur jeder fünfte Bundesbürger hat eine einigermaßen zutreffende Vorstellung, wo Vietnam überhaupt liegt. Eine Nachricht aber wird – nach einem Wort von Hans Magnus Enzensberger – »erst durch ihren historischen [und ich möchte hier ergänzen: ihren sozialen und kulturellen] Kontext sinnvoll und verständlich«. Die Zerstörung von Ben Suc, das im »Eisernen Dreieck« lag, ist strategisch gesehen ein Schachzug: Ein Bauer wird aus dem Feld genommen. Was aber bedeutet sie vor dem Hintergrund vietnamesischer Geschichte? Und was wird sie bedeuten für die Zukunft Vietnams?

Zweitausend Jahre Vietnam

Wer sich davon ein Bild machen will, stößt auf Schwierigkeiten. Die alte Geschichte Vietnams ist nur dem Fachgelehrten zugänglich, der sich mit chinesischen Quellen auskennt; für die jüngere Geschichte existiert zwar eine fast unübersehbare Fülle an Literatur aus der französischen Kolonialzeit (vor allem aus der Ecole Française d'Extrême Orient), aber diese Literatur wendet sich mit Vorliebe sehr speziellen Fragestellungen zu, den »Hausformen in Annam« zum Beispiel. Neben solchen, zwar auf das Land bezogenen, aber sehr akademischen Studien fallen natürlich diejenigen Arbeiten mehr ins Gewicht, die in Vietnam ein wirtschaftliches und politisches Aktionsfeld sehen; die Geschichte der Publikationen spiegelt in gewisser Hinsicht das Schicksal des Landes wider. Le Thanh Khoi, der in Paris lebende vietnamesische Historiker, beschließt denn auch seine Studien zum Thema Vietnam mit der Bemerkung, daß sich der Forschung noch ein weites Feld öffnen wird, wenn erst einmal die Familien- und Dorfarchive ausgewertet werden können. Er schrieb dies im Jahre 1955. Wie viele Dorfarchive werden nach diesem Krieg noch auszuwerten sein?

Eine zweitausendjährige Geschichte gibt den Hintergrund ab für die Nachrichten des Tages. Bis zu Beginn der französischen Kolonialzeit um 1860 wurde sie bestimmt von der Selbstbehauptung gegenüber China und der Landnahme im Süden. Nicht Saigon – soviel es auch immer von sich reden macht – ist

Vietnam, sondern das Land, das von den Bergen Tonkings bis an den Golf von Siam reicht und über das Dinh-Xuan-Nguyen, ein vietnamesischer Literat, schreibt:

»Es scheint, als wollten sich die Berge, die das ganze Land beherrschen, in jedem Augenblick herabstürzen auf das Menschengewimmel zu ihren Füßen. Die Wälder sind dem vietnamesischen Dichter immer ein unergründliches Geheimnis geblieben. Die Flüsse und Ströme, die das Land durchziehen, die Seen und Tümpel, die es bedecken, geben ihm abwechselnd ein vor Freude strahlendes oder in seiner grauen Stille trauriges Aussehen. In seiner Launenhaftigkeit fordert der Himmel die Unsicherheit heraus, die über dem bäuerlichen Leben liegt. Eine zu heiße Sonne, zu heftige Regenfälle und die wilden Winde sind immer voller Unheil. In jedem Augenblick bedroht der Hunger das Land. Der Mensch fühlt sich klein, schwach, wie eingeschüchtert angesichts dieser großartigen, aber unberechenbaren Natur.«

In Zahlen ausgedrückt heißt das: Nur ein Fünftel des Territoriums – das mit 328000 Quadratkilometer etwa so groß ist wie die Bundesrepublik und die DDR zusammen – wird von Vietnamesen bewohnt. Vietnamesen haben es immer verschmäht, im Bergland und in den malariaverseuchten Wäldern zu siedeln. Sie sind das Volk der Ebene, Reisbauern und leben dicht zusammengedrängt in den beiden großen Flußdeltas um Hanoi und Saigon und dem langgestreckten Küstenkorridor zwischen annamitischem Bergland und chinesischem Meer. Es gibt Landstriche, in denen mehr als tausend Bewohner auf dem Quadratkilometer leben. Neunzig Prozent der vietnamesischen Bevölkerung, die man insgesamt auf sechsundzwanzig bis dreißig Millionen Menschen schätzt, leben auf dem Lande – oder lebten doch auf dem Lande, ehe sie ihre verbrannten und verwüsteten Felder verlassen mußten.

Aber nicht nur seiner heutigen ökonomischen Struktur nach ist Vietnam ein Reisbauernland. Es gehört zu den ältesten Reiskulturen der Menschheit; sein Ursprung verliert sich in der Legende. Die Vietnamesen führen ihre Abstammung zurück auf Than Nong, den »göttlichen Ackermann«, der sie im Reisbau unterwies, das Gemeinschaftsleben in den Dörfern begründete, den Pflug erfand, die ersten Märkte einrichtete und das Opfer nach der Ernte. Linguistische und anthropologische Befunde bestätigen heute die Überlieferung, nach der zwei Völker im Delta des Roten Flusses aufeinandertrafen und miteinander verschmolzen: Ein aus Südchina kommender mongolider Stamm, der mit den Thai verwandt ist, vermischte sich mit einer seit langem ansässigen indonesischen Bevölkerung zum Volk der Vietnamesen.

Westliche Historiker – wie der Franzose André Masson – sind sich mit den kommunistischen Autoren der Verfassung der Demokratischen Republik im Norden Vietnams darin einig, daß die Vietnamesen ihrer Herkunft, Sprache und Kultur nach ein Volk sind – wenn dieser Begriff irgendeinen Sinn haben soll.

An der Bambushecke endet die Gewalt des Kaisers: vietnamesische Dorfdemokratie

»Wir Vietnamesen sind ein Volk. Daß man uns schon unter französischer Verwaltung in drei Teile zertrennt hat – Cochinchina als Kolonie, Annam und Tonking als Protektorate und jetzt in Nord und Süd –, ist ein Akt der Willkür«, erklärte der aus der Nähe von Saigon stammende Student Dong seinen deutschen Komilitonen, die in einer Diskussion über die Ursachen des Krieges in Vietnam gedankenlos vom »südvietnamesischen Volk« gesprochen hatten.

Das ausgeprägte Selbstverständnis der Vietnamesen – das wir heute Nationalbewußtsein nennen würden – entwickelte sich schon früh in der Auseinandersetzung mit China. Seine stärksten Wurzeln hat es jedoch in den nachbarschaftlich verbundenen autonomen Dorfgemeinden, wo vietnamesische Tradition und Sprache über Jahrtausende lebendig blieben. Die Bambushecke, an der nach einem alten vietnamesischen Sprichwort die Gewalt des Kaisers endet, ist das Wahrzeichen dieser Autonomie. Hinter diesem dichten grünen Schutzwall beginnt, was man die »vietnamesische Dorfdemokratie« genannt hat. Ihre komplizierte Rechtsordnung erklärt sich aus der Form der Dorfgründung: Einige Familien beschlossen, ihr übervölkertes Dorf zu verlassen und sich zu einer neuen Gemeinde zusammenzutun. Gegenüber dem Repräsentanten des Kaisers verpflichteten sie sich kollektiv, Gemeindesteuern zu zahlen. Sie erhielten daraufhin die Genehmigung der Zentralgewalt, im eroberten Grenzland des Reiches zu siedeln oder Brachland urbar zu machen. Die Gründer des Dorfes verteilten dann das urbargemachte Land an die Siedler. Sie alle sind nun Eigentümer. Andere Bauern schlossen sich ihnen an. So wuchs ihre Zahl von Tag zu Tag. Die Unterteilung der Felder ging so lange weiter, bis jede Familie den Anteil an Reisland hatte, den sie bebauen konnte. Im Grundbuch des Dorfes, das der Dorfsprecher führt, wurden die Besitzrechte verzeichnet. Der Dorfsprecher seinerseits wurde vom Rat der Notabeln gewählt.

Seit undenklichen Zeiten kennt man in Vietnam drei Arten des Grundbesitzes: Das Land des Herrschers, das Land der Gemeinde und das Privateigentum, den individuellen Besitz, zu dem ein unveräußerliches Stück Land für den Totenkult gehört. Es ist dies der Anteil für »Weihrauch und Feuer«, den der älteste Sohn für die Opfergaben auf dem Altar der Ahnen verwaltet. Diese enge Beziehung zwischen Lebenden und Toten spielt als Volksglaube in vielen asiatischen Ländern eine große Rolle; auch in Vietnam ist der Ahnenkult das religiöse Fundament der patriarchalischen Großfamilie. Die als kleine Kuppeln zwischen dem Reisland liegenden Gräber der Ahnen binden den vietnamesischen Bauern fest an sein Dorf. Sie stehen seiner Mobilität im Wege; ihr Verlust durch Flucht oder Zerstörung bedeutet für ihn soziale Entwurzelung.

Dorf und Familie ergänzen einander in ihren Erwartungen. Die Pietät gegenüber den Ahnen ist ebensowenig eine Privatangelegenheit wie die Feldhüterwache zur Erntezeit. Schon als Kind erfährt der junge vietnamesische Dorfbewohner die Macht der öffentlichen Meinung und lernt die Kunst des AN NOI, des Essens und Redens, denn in allen Lebensfragen muß man sich miteinander besprechen und ist aufeinander angewiesen. Aber in den Gruppen und Vereinigungen, die sich nach Interessen zusammengefunden haben – Sängern, Musikanten, Vogelzüchtern und Gelehrten –, findet er auch Spielraum für seine individuellen Neigungen.

Unter diesen Gruppen, die sich mit eigenen Beiträgen an den zahlreichen Dorffesten beteiligen, kommt den Theaterspielern eine besondere Bedeutung zu. In lockerer, sich über Tage erstreckender Szenenfolge unterhalten sie das Dorf mit Legenden und Themen aus dem Alltagsleben. Mit einfachsten Mitteln bringen sie ihre Welt auf die Bühne. Ein Tuch im Hintergrund stellt den Wald dar; zwei Tore darin für Auftritt und Abgang symbolisieren Leben und Tod; ein Tisch und eine Sitzgelegenheit verwandeln das Ganze in den Palast eines Mandarins; standartentragende Kinder und Trommler kündigen den Krieg an.

Solche Aufführungen, zu denen man sich während der ruhigen Monate im Dinh – dem Gemeindehaus – oder im Hof einer Pagode versammelt, sind meist Satiren auf die Oberen, Karikaturen von häßlichen und hochmütigen Leuten, Chinesen und Mandarinen. Während in höfischen Stücken die Tugend das Laster besiegt, triumphiert im Volkstheater das Gelächter über angemaßte Tugendhaftigkeit.

Mit Theateraufführungen, Ruderwettkämpfen, Prozessionen und festlichen Gelagen begeht man auch den Kult der Dorfgottheit, von der – in der traditionellen Vorstellung der Bauern – das Wohlergehen der Gemeinde abhängt. Dieser Lokalgott- und Schutzgeisterglauben ist neben dem Ahnenkult die wahre Dorfreligion geblieben. Weder Konfuzianismus noch Buddhismus gelang es, die alten Baum- und Torgeister, die Geister für Wind und Regen, die Drachen-, Fisch- und Büffelgeister aus dem Bewußtsein der Bauern zu vertreiben. Als Aberglaube und Götzendienst wurden sie von aufgeklärten Vietnamesen verspottet und blieben dennoch unbekümmert im Volksglauben lebendig. Die großen Städte sind viel zu weit entfernt von diesem Dorf und seinen Traditionen, die französisch erzogenen bürgerlichen Intellektuellen viel zu sehr mit der individuellen Emanzipation beschäftigt, um hier im Dorf im Sinne irgendeines Fortschritts einwirken zu können. 1960 erschienen von den knapp zwanzig Zeitungen Südvietnams zwar neun in vietnamesischer Sprache, aber alle in Saigon, und einen Radioapparat besitzen nur wenige Dörfer.

Wer Veränderung und Rebellion wollte, der mußte selber ins Dorf kommen und an dessen Leben teilnehmen. Der Widerstand – wollte er hier Rückhalt finden – mußte anknüpfen an vertraute Vorstellungen und Institutionen. Die LIEN GIA (oder Fünf-Familiengruppen), die HOP TAC XA (oder Genossenschaften), die DOAN THE (oder Dorfvereinigung) waren solche Gruppierungen, aus denen Kommunisten und Antikommunisten gleichermaßen Nutzen zu ziehen versuchten. Aber soziale Kontrolle und Kooperation sind älter als die Parteiarbeit kommunistischer Kader, und es wäre gut, wenn dieser Sachverhalt bei der Beurteilung uns fremder Verhaltensweisen im Gedächtnis bliebe.

Die Dorf- und Familienwirtschaft des Bauern ist bescheiden, aber autark – solange keine Katastrophe ihn trifft. Er konsumiert, was er anbaut. Sein Handel mit den umliegenden Provinzstädten beschränkt sich auf wenige Dinge: frisches Gemüse, das er für Petroleum, ein Huhn, das er für eine Baumwolljacke eintauscht. Ökonomisch blieb die Stadt ohne große Bedeutung für den Bauern. Reis war und ist bis heute seine Ernährungsgrundlage; alle anderen Anbaupflanzen fallen dagegen kaum ins Gewicht.

Die Reiskultur ist die mühseligste Form des Getreideanbaus, die wir kennen. Reispflänzchen um Reispflänzchen wird nach den ersten Regenfällen im Frühjahr mit der Hand aus den Saatbeeten in die sorgsam vorbereiteten Felder umgepflanzt. Barfuß und tief gebückt stehen die Frauen Stunden und Tage im wäßrigen Schlamm. Ein kunstvolles System von Bewässerung und Entwässerung in den großen Flußebenen ist Voraussetzung für diese Art der Landwirtschaft; ihr dienen auch die besonderen Sozial- und Rechtsordnungen, die die Gemeinden untereinander und mit der Zentralgewalt verbinden. Der Bauer kann es sich nicht leisten, nicht weiter zu sehen, als das Maul seines Wasserbüffels reicht, wenn er sein Feld pflügt, denn das dem Sumpf abgetrotzte Land liegt oft genug unter dem Wasserspiegel, und ganze Dörfer verschwinden bis zum First in den Fluten, wenn die Dämme brechen.

Angesichts solcher Bedrohung muß sich die immer wieder durch innere Rivalitäten gefährdete Solidarität der Dorfbewohner bewähren: die Deichwachen trommeln Dorf und Nachbardörfer zusammen, und in tage- und nächtelangem Kampf versuchen die Bauern ihre Hütten und Felder zu retten. Das Bewußtsein der Nähe ist in Notzeiten groß und verlangt vom einzelnen ein hohes Maß an Selbstdisziplin. Die politische Struktur der traditionellen Dorfgemeinde spiegelt diese Situation wider. Neben den Institutionen der Nachbarschaftshilfe finden wir den von allen Familien gewählten Gemeinderat, der die Streitfälle im Dorf zu schlichten hatte, seinerseits aber dem Veto der Notabeln ausgesetzt war. Sekretär, Schatzmeister und Ly Truong – das ist der Mann, der das Dorf gegenüber der nächsthöheren Autorität, dem Kanton, vertreten mußte – unterstanden diesem Rat. Hatte das Dorf seine Steuerpflichten gegenüber dem Staat erfüllt, so konnte es sich frei verwalten.

Genau in dieser Voraussetzung hatte jedoch die Autonomie des Dorfes ihre Grenze. Die skrupellose Handhabung der Steuerschraube durch kaiserliche Willkür oder ein korruptes Mandarinentum – später dann durch die französische Kolonialmacht – war es, die immer wieder in der Geschichte Vietnams zur Verelendung der Bauern führte und Aufstand und Rebellion auslöste. Auch innerhalb des Dorfes gab es natürlich Amtsanmaßung und Korruption; nicht selten war in der Praxis der wahre Herr im Dorf ein Mandarin, und die Dorfdemokratie entartete zur Lokaloligarchie. Intrige, Schikane und Korruption erreichten jedoch als Folge der sozialen Erschütterungen in der Kolonialzeit nie gekannte Ausmaße. Die Verschleuderung von Gemeindeland und die verhängnisvolle Bodenkonzentration (von denen noch zu reden sein wird) haben hier eine ihrer Wurzeln.

»Es liegt auf der Hand, daß die vietnamesische Gemeinde für die Administration ein bequem und einfach zu lenkender Apparat ist; die Gemeinde verwaltet sich selbst; sie ist gemeinsam für die Steuern verantwortlich; andererseits ermöglichen es die Intrigen und Rivalitäten der Parteien den Mandarinen, immer auf dem Laufenden zu sein über das, was im Dorf geschieht, und einzuschreiten in all den Fällen, wo die Gemeinde der Ort verdächtiger Gärung ist.«

Diese Analyse Pierre Gourous, der die wohl umfangreichste und sorgfältigste Studie über den Reisbauern im Delta des Roten Flusses verfaßt hat, beleuchtet (ungewollt) die Kehrseite der dörflichen Autonomie. Wenn es gelang, den Gemeinderat durch Steuerdruck, Bestechung oder Erpressung gefügig zu machen, dann blieb dem einfachen Bauern kein Ausweg offen. Mandarine und Kolonialbeamte, skrupellose Geschäftemacher und Wucherer nutzten diese Möglichkeit nach Kräften: Auf diesem Wege konnten große öffentliche Bauvorhaben der Kolonialmacht durch Zwangsarbeit verwirklicht werden; auf diesem Wege konnte der winzige Besitz der Bauern während großer Hungersnöte verpfändet und aufgekauft werden. Wer sich zwanzig Kilo Reis borgen mußte, der hatte im nächsten Monat vierzig zurückzuzahlen und war nach wenigen Monaten landlos.

»Was wird geschehen, wenn diese ausgewogene und durchdachte Kultur zusammenbricht? Der Bauer wird sich unvermittelt seiner Misere gegenübersehen, ohne den Trost, den ihm bis heute sein Familienleben, das Leben im Dorf – und das heißt in jedem Fall auch seine Religion – gegeben haben.«

Nicht erst nach der Zerstörung des Dorfes Ben Suc, sondern bereits vor dreißig Jahren wurde diese besorgte Frage nach dem Los der Bauern gestellt, und Pierre Gourou, der diese Frage formulierte, kommt am Ende seiner detaillierten Untersuchung zu einem merkwürdig fatalistischen Schluß:

»Wie soll man sich die zukünftige Entwicklung in diesem Land vorstellen? Es wird, ohne Frage, von einem Kulturvolk bewohnt, das tüchtig und intelligent ist und mit einer großartigen Anpassungsfähigkeit begabt. Der Vietnamese hat geschickte Hände und einen wendigen Geist... Dennoch scheint es nicht so, als ob man das materielle Los des Bauern sehr verbessern könnte.«

Bauernaufstände: »Der Boden denen, die ihn bearbeiten«

Die Ratlosigkeit eines so angesehenen Gelehrten beleuchtet wieder einmal das Mißverhältnis zwischen der Politik und der Wissenschaft eines Landes; denn seine Arbeit, die unter dem Titel »Les Paysans du Delta Tonkinois« in Paris veröffentlicht wurde, erschien 1936, zu einer Zeit also, in der die von Kommunisten und Nationalisten inspirierten Bauernaufstände der dreißiger Jahre kaum noch Zweifel an der Richtung der sozialen Entwicklung zulassen konnten; sein Buch erschien, als der Nationalist Ngo Dinh Diem das Kabinett des Marionettenkaisers Bao Dai nach vergeblichen Reformversuchen bereits wieder verlassen hatte und Ho Tschi Minhs verbotene kommunistische Partei ihre Arbeit unter den Bauern vor allem auf das Versprechen gründete, das Land neu zu verteilen. Für vage Hoffnungen auf eine evolutionäre Entwicklung, in der möglicherweise auch die Industrie eine aktivere Rolle spielen könnte, war es – wie wir heute wissen – längst zu spät.

Hunger – biologischer Ausdruck für den ökonomischen Komplex der Unterentwicklung – bestimmte den Alltag der vietnamesischen Bauern. Trotz hoher Kindersterblichkeit hatte sich die Bevölkerung zwischen 1880 und 1930 etwa verdreifacht. In dieser Situation mußte sich die französische Kolonialpolitik, die die wirtschaftliche Entwicklung des Großgrundbesitzes und die Bodenkonzentration durch Steuerprivilegien begünstigte, verheerend auswirken. Ein paar Zahlen mögen das veranschaulichen:

In Cochinchina, dem heutigen Südvietnam, besaßen vor dem Zweiten Weltkrieg 2,5 Prozent der Landbesitzer fünfundvierzig Prozent allen anbaufähigen Bodens; umgekehrt besaßen siebzig Prozent der Landbesitzer nur fünfzehn Prozent des Bodens, fünfzig Prozent der Bevölkerung waren landlose Bauern, denen das Gemeindeland früher wenigstens ein bescheidenes Auskommen ermöglicht hatte. Im Norden betrug das Gemeindeland immerhin noch zwanzig Prozent der gesamten Anbaufläche, im Süden dagegen nur noch drei Prozent; der größte Teil dieses Landes war inzwischen in die Hände von Spekulanten und korrupten Dorfräten gefallen. Auf diese Weise entstand ein ländliches Proletariat, für das es keine urbane Industriearbeit gab. Nur neunzigtausend Arbeiter waren 1930 in der Industrie beschäftigt. Von der umfangreichen Neulandgewinnung im Mekongdelta profitierte ein neues Unternehmertum – vor allem französische Colons und erfolgreich mit den Franzosen kollaborierende Vietnamesen, die das Land als Kapitalinvestition betrachteten und unter Bedingungen verpachteten, die praktisch Leibeigenschaft bedeuteten. Vierzig, fünfzig und mehr Prozent der Ernte mußten als Pacht gezahlt werden.

Im reichen Reisland Cochinchina ergab sich die paradoxe Situation, daß die Produktion durch umfangreiche Neulandgewinnung zwischen 1880 und 1930 auf das Vierfache gesteigert werden konnte und die Reisexporte nie gekannte Ausmaße annahmen, daß zur gleichen Zeit aber die hungernden Bauern ihre verschuldeten Felder verließen, um als Kulis auf den Zuckerrohr- und Kautschukplantagen der Franzosen zu arbeiten.

1930 machten sich Haß und Verzweiflung Luft in Aufstand und Rebellion. Überall im Land kam es zu Unruhen: Bauernaufstände im Süden; der von Nationalisten organisierte Aufstand der Garnison von Yen Bay (die ihre französischen Offiziere tötete); die Ausrufung lokaler Sowjets nach einer Hungersnot im nördlichen Annam. In der Provinz Nghe-An, in der Ho Tschi Minh und Ngo Dinh Diem geboren wurden, marschierten sechstausend hungernde Bauern waffenlos in das Maschinengewehrfeuer der Fremdenlegion. Mit »herzloser Gründlichkeit«, wie das der englische Historiker D. G. E. Hall genannt hat – und wenig bemerkt von der Weltöffentlichkeit – wurde diese Rebellion blutig niedergeschlagen; Bombenflugzeuge wurden schon damals gegen die aufständischen Dörfer eingesetzt.

Die soziale Ungerechtigkeit war unerträglich geworden; nun wurde sie bewußt gemacht. »Der Boden denen, die ihn bearbeiten!« war eine der Gründungsparolen der indochinesischen Kommunistischen Partei im Jahre 1930. Es war eine einfache Parole; sie entsprach der uralten Sehnsucht der Bauern, die zu wenig oder kein Land besaßen, um sich und ihre Familien ernähren zu können; und sie verknüpfte zugleich den Kampf um soziale Gerechtigkeit mit dem Kampf um die nationale Unabhängigkeit. Es waren diese elementaren Forderungen – nicht dogmatische Lehren –, mit denen die Vietminh zehn Jahre später die Masse der vietnamesischen Bauern zu mobilisieren verstand. Daß es Frankreich trotz seiner überlegenen militärischen Macht nicht gelungen war, den Indochinakrieg zu gewinnen, schrieben französische Offiziere nach Dien Bien Phu – sicher zu Recht – allein dieser Tatsache zu.

Maos These, nach der die Bevölkerung im revolutionären Krieg das Wasser für den Fisch ist, wurde von Ho Tschi Minh und seinem Strategen Giap übernommen. Ihre Guerrillas schwammen in vertrauten Gewässern. In den von Franzosen freigekämpften Gebieten wurden sofort soziale Reformen durchgeführt: Reis-, Büffel- und Arbeitspachten wurden abgeschafft, Verschuldungen aufgehoben, der Großgrundbesitz und das Gemeindeland wurden neu verteilt.

Solche Reformen sind übrigens nicht ohne Vorbild in der Geschichte Vietnams. Um die nach einem dreißigjährigen Krieg gegen Champa verelendeten Bauern zu schützen und der unerträglichen Ausbeutung durch Mandarine und Feudalherren ein Ende zu setzen, verfügten beispielsweise die Ho-Kaiser schon um das Jahr 1400 Reformen, nach denen es niemand erlaubt sein sollte, mehr als zehn mau Reisland, das sind etwa drei Hektar, zu besitzen; der Überschuß sollte an die Bauern verteilt werden. Später, am Anfang des 19. Jahrhunderts ordnete der Kaiser Gia-long eine ähnliche Neuverteilung des Gemeindelandes an.

Das Bodenreformgesetz, das 1953 die Aufteilung des Großgrundbesitzes festlegte, ist also keine Erfindung der kommunistischen Lao-dong Partei. In der Praxis stoßen solche Gesetze allerdings immer wieder auf die gleichen Schwierigkeiten: Jahrhundertealte Traditionen stehen ihnen im Wege. Um die unsichtbare Machthierarchie im Dorf zu brechen und das Selbstvertrauen der kleinen Bauern und Tagelöhner zu stärken, praktizierten die Kommunisten in mehreren Versuchsprogrammen in der Provinz Thai Nguyen, in Nordvietnam, das sogenannte »TAM DONG«. Es sah vor, daß gut ausgebildete Kader mit den ärmsten Dorfbewohnern zusammen arbeiten, essen und wohnen sollten.

Trotz solcher Vorversuche kam es jedoch in den folgenden Jahren zu einer großen Anzahl ungerechter Urteile bei der Enteignung kleiner Landbesitzer. Gerade im Norden, wo die Reformen durchgeführt wurden, war der Großgrundbesitz relativ schwach vertreten, sein Land rasch verteilt. Was folgte, war eine unproduktive Zersplitterung des Bodens, die viele Bauern enttäuschte und beunruhigte. 1956 wurde das Murren über diese Mißstände laut; die Anfrage eines kommunistischen Abgeordneten führte schließlich zum Sturz des verantwortlichen kommunistischen Ministers und löste eine Welle der Selbstkritik aus.

Einmal als Möglichkeit in das Bewußtsein der Bauern getragen, wurde das Problem der Landreform und Landentwicklung – 1954, nach der Teilung des Landes in Genf – jedoch auch für das Regime des inzwischen gestürzten und ermordeten Präsidenten Ngo Dinh Diem zu einer Frage des politischen Überlebens. Gerade im Süden des Landes stellte es sich wegen des ausgedehnten Großgrundbesitzes in verschärfter Form.

»Was mein Land braucht, sind gewaltige Reformen auf jedem Gebiet. Wir müssen den Menschen eine freie öffentliche Erziehung in demokratischer Lebensform ermöglichen. Sie müssen lernen, ihre eigenen Regierungsvertreter zu wählen. Unsere Verwaltungspraktiken sind veraltet. Unsere Bürokratie braucht Modernisierung und Stromlinie, damit sie reibungslos funktionieren kann. Die Ausbeutung der Bauern muß ein Ende haben; sie müssen moderne landwirtschaftliche Methoden lernen. Im Süden muß die Landreform in Angriff genommen werden.«

Wären diesen schönen Worten Ngo Dinh Diems die entsprechenden Taten gefolgt und hätten die in Genf vereinbarten freien Wahlen 1956 stattfinden können, dann hätte Vietnam vielleicht eine reale Chance gehabt, heute neutral und befriedet zu sein: Das Dorf Ben Suc stünde noch.

Die heute gegenüber westlichen Vietnam-Besuchern immer wieder so groß herausgestellte Arbeit der »Kader der Revolutionären Entwicklung« – (wie man sie in Anlehnung an das kommunistische Modell genannt hat) – hat eine leider vergessene und traurige Vorgeschichte: Schon in den ersten Jahren des Diem-Regimes, also seit 1954, wurde eine Vielzahl von ideologisch sehr unterschiedlich begründeten Projekten unter großem Kostenaufwand in Angriff genommen: Musterdörfer, die sich an Tschiang Kai-scheks »Modellen des neuen Lebens« orientierten; antikommunistische Wehrdörfer, die mit ihren Wassergräben, Stacheldraht- und Sandsackbefestigungen eher an Gefangenenlager erinnerten; Neu- oder Wiederbesiedlungsprojekte. Cai San ist zum Beispiel ein solches, inzwischen berühmt gewordenes Wiederbesiedlungsprojekt im Süden

Vietnams, bei dem 110000 Hektar verlassenes Land, eine unkrautüberwucherte Wildnis, durch katholische Flüchtlinge aus dem Norden und mit finanzieller und technischer Hilfe der USA in eine blühende Siedlung verwandelt wurden.

Aber »ein paar kostspielige Dörfer zum Herzeigen« – wie Edgar Snow sie bitter benannt hat – verlieren sich im Meer des allgemeinen Bauernelends. Verdächtigungen, politische Repressalien gegenüber angeblichen Vietminh-Anhängern, die Rückkehr der enteigneten Großgrundbesitzer und ihre Ansprüche auf Entschädigung gegenüber der Regierung Ngo Dinh Diem erstickten schließlich alle Pläne für eine wirklich wirksame Landreform. Von der einen Million Hektar Land, die 1954 zur Reform angestanden hatten, waren vier Jahre später, 1958, erst fünf Prozent an noch nicht einmal zwanzigtausend Bauern verteilt worden. Bei der Durchführung der Reformen hätte es der Anstrengungen derer bedurft, die ein Interesse daran hatten, sie zu verhindern: der Grundherren und Notabeln. Aber die landbesitzenden Mandarine und Politiker waren keine Anwälte einer durchgreifenden Änderung der Besitzverhältnisse. Kys erneute Ankündigung einer Landreform im September 1965 war schon sechs Monate vor der Deklaration von Honolulu eine offizielle Bankrotterklärung dieser Bemühungen.

»Die Bedeutung von Erfolg oder Mißerfolg der Regierung bei der Landreform ist schwer zu überschätzen«, kommentierte (in gewohnter Nüchternheit) die *New York Times*. Ein Dorfsprecher sagte es noch einfacher: »Das Dorf braucht Frieden – und den wird es erst geben, wenn der Pächter eigenes Land hat.«

Stammesvölker in den Bergen Vietnams

Jahrhundertelang war die Landnahme im Süden die Antwort der Vietnamesen auf den nie nachlassenden Bevölkerungsdruck im Delta des Roten Flusses. Die dschungelüberwucherten Bergregionen und Hochplateaus, die etwa vier Fünftel des vietnamesischen Staatsgebietes im Norden und Westen ausmachen, kamen für ihre Ausbreitung nicht in Frage. Und während es kaum irgendwo in der Welt Landstriche gibt, die intensiver bebaut und dichter besiedelt worden sind als diese Reisebenen entlang der Küste des Chinesischen Meers und um Hanoi und

Saigon, blieb das Hochland Vietnams dünn besiedelt und bis heute wenig erforscht. Erst im Kampf gegen die Kolonialmacht – im Untergrund – erinnerte man sich der Berge: In den entscheidenden Jahren 1948–50 wurden sie zur Fluchtburg und Dschungelfestung der nationalen Unabhängigkeitsfront der Vietminh. Unvermittelt wurden die abgelegenen Pfahldörfer der Urwaldbewohner einbezogen in den vietnamesischen Freiheitskampf.

Diese Urwaldbewohner und Bergstämme, die sich in jeder Hinsicht – kulturell und anthropologisch – von den Bewohnern der Ebene unterscheiden, sind aber auch untereinander sehr verschieden. Die Stämme im Norden des Landes: die Tho, Meo, Man, Nung, vor allem aber die Thai kamen in jüngster Zeit aus Südchina, und ihre Wanderbewegung ist (wie auch in anderen hinterindischen Ländern) bis heute nicht zum Stillstand gekommen. Die Völker, die im annamitischen Bergland leben, sind dagegen Restgruppen der großen Wanderwellen, die jahrtausendelang über die hinterindische Halbinsel hinweggegangen sind; in ihren fernsten Ausläufern erreichten sie Australien, Indonesien und Polynesien. Über dreißig Wald- und Binnenlandstämme – unter ihnen die Dscharai, Rhade, Biet und Bahnar – haben ihre Eigenheiten in Sprache, Sitte und Brauchtum bewahrt und leben verstreut in unwirtlichen Rückzugsgebieten, abgetrennt vom großen Strom der asiatischen Kultur. Der Vietnamese faßt sie alle unter einem einzigen Namen zusammen, der sein Verhältnis zu ihnen kennzeichnet; er nennt sie die »Moi«, was in seiner Sprache »die Wilden« heißt. (Dieser Name hat sich inzwischen auch in der ethnologischen Fachliteratur eingebürgert.)

Gemeinsam ist diesen Stämmen nur der primitive Anbau durch Brandrodung, eine extensive Form der Bodennutzung, bei der ein Stück Urwald gerodet und abgebrannt wird. In die grob aufgelockerte Erde und Asche kommt dann das Saatgut: Bergreis oder Knollenfrüchte wie Bataten, Maniok und Taro. Oft darf der Dschungel schon nach einem Jahr das gerodete Gelände zurückerobern. Dann wird an anderer Stelle ein neues Feld, eine neue Siedlung angelegt.

Auf manchen Hochplateaus oder in breiten Tälern, wo Wasserreisbau möglich ist, haben einige Bergstämme inzwischen unter dem Einfluß der Hochkulturen auch Pflug, Pferd und Elefant übernommen. Der Büffel jedoch, der in der Ebene das unentbehrliche Arbeitstier auf den Naßfeldern ist, wird bei ihnen religiös verehrt. In ihren Mythen wird er als Mensch aufgefaßt; bei ihren Totenzeremonien und Festen ist er das Opfertier.

Gegen Ende seiner großen Expedition kurz vor dem Zweiten Weltkrieg besuchte der Völkerkundler Hugo Bernatzik die Dscharai, einen Volksstamm im Hochland von Pleiku, der im Dezember 1965 durch einen Aufstand gegen die Regierung in Saigon von sich reden machte und bei denen er ein solches Opferfest miterlebte. Sein Bericht beleuchtet exemplarisch die Andersartigkeit dieser Stammeskultur: Um das kranke Töchterchen des Dorfältesten zu heilen, verspricht der Zauberpriester den Geistern einen Büffel. Wie auch bei anderen hinterindischen Stämmen steht im Mittelpunkt des Festes der geschmückte Opferbaum, an den der Büffel gefesselt ist.

»Gellend schrillen die wilden Schreie der erregten Zuschauer durch die Luft. Das Opfer wird umtanzt. In vornübergebeugter Haltung springen die Männer vorwärts und schlagen im Rhythmus die Hände vorne zusammen. Ihre im Nacken gebundenen Haarknoten lösen sich auf; wild flattern die langen gewellten Haare im Winde. Acht Männer schreiten ihnen voran, die kleine, in Terzen abgestimmte Gongs mit Holzstäbchen schlagen. Dazwischen tönt der tiefe Schall der großen Gongs und das durchdringende Getöse der doppelt bespannten Handtrommeln...

Endlich stößt der Priester seine Waffe dem Tier ins Herz, stöhnend sinkt es zu Boden. Wie ein Gewitter die Luft von drückender Schwüle reinigt, so weicht plötzlich die Spannung von den Menschen. Einige Männer treten paarweise zu uralten Schwerttänzen an. Die großen runden Holzschilde in der Rechten, stürzen sie mit langen, kantigen Stöcken aufeinander los, bis breite blutige Striemen ihre Körper bedecken. Nachdem die angerufenen Geister diesen Anblick genossen haben, wollen sie sich an dem ihnen dargebrachten Opfer gütlich tun. Dies geschieht, indem man den Opferbaum mit dem Blute des getöteten Büffels beschmiert...«

Mit Büffelblut vermischter Reiswein, der gemeinsam getrunken wird, ersetzt auch heute noch die Unterschrift bei Abmachungen zwischen den Bergstämmen und der Regierung in Saigon. Aber Mißtrauen bestimmt nach jahrhundertelangen kriegerischen Erfahrungen noch immer den Kontakt zwischen Berg-Moi – von denen es eine halbe Million geben mag – und Vietnamesen, in deren Staat sie als Fremde leben und für den sie keine Loyalität empfinden. Wo immer sie sich an den Kämpfen im Süden beteiligen, bestehen ihre Häuptlinge auf einer eigenen, von Saigon unabhängigen Führung.

Angesichts der strategischen Bedeutung der von ihnen bewohnten Gebiete sind diese Stämme ein zentrales Problem für jede vietnamesische Regierung. »Wer das Bergland beherrscht, bedroht die Sicherheit Vietnams« – das weiß man seit Jahrhunderten. Nach den vergeblichen Versuchen der vietnamesischen Kaiser, die in sich zerstrittenen Bergvölker zu »befrieden« und die Grenzen mit Forts und Befestigungen gegen ihre Überfälle zu sichern, machten sich die Franzosen ans Werk; mit Hilfe von Urwaldpisten, Blockhausfestungen (wie sie sich gegen die Indianer bewährt hatten) und zwangsrekrutierten Häuptlingssöhnen versuchten sie ihre Kontrolle über diesen Teil ihres Kolonialgebiets auszudehnen. Einige in die Wälder der Moi vorgetriebene Gummi- und Teeplantagen, vereinzelte Krankenstationen und Missionsschulen blieben jedoch verlorene Vorposten einer fremden Zivilisation.

Erst aus der Praxis des Zusammenlebens im Indochinakrieg ergab sich für die Vietnamesen erneut die Notwendigkeit, sich mit den Bergvölkern zu beschäftigen. Um sie für die Mitarbeit im Lande zu gewinnen, mußte man sie kennenlernen. Im Norden, wo die Thai, die Tho und die Meo leben, die den Vietnamesen kulturell sehr viel näher stehen als die »Moi«, war diese Aufgabe relativ leicht zu lösen. Die Vietminh bildete begabte junge Stammesangehörige als Kader aus; durch politische Schulung, praktische Hilfe beim Anbau und die Übernahme ihrer Folklore – Volkstänze und Lieder, die dann nach dem Krieg im Zuge der nationalen Wiederbesinnung aus den Bergen mitgebracht wurden – gewann man das Vertrauen dieser Gruppen. Es wurden ihnen später aber auch Zugeständnisse gemacht, die die Regierung in Hanoi ihren eigenen Bürgern nie gemacht hätte: So durften zum Beispiel die Thai weiterhin den französischen Silberpiaster benutzen, weil sie zu keiner anderen Währung das gleiche Zutrauen hatten.

Ähnlich wie in China waren es aber auch in Vietnam erst die Kommunisten, die dem Problem der Bergvölker eine eigene Theorie widmeten; ihre Gebiete sollten zu autonomen Zonen innerhalb des Staatsgebietes werden und unter anderem eigene Schulen und eine lokale Selbstverwaltung erhalten. Bereits mitten im Krieg, im Herbst 1953 (30. August bis 10. September), fand eine Konferenz statt, an der einhundertvierzig Delegierte aus mehr als zwanzig verschiedenen ethnischen Gruppen teilnahmen und auf der ein Thai und ein Tho in führende Positionen gewählt wurden.

Voraussetzungen und Ziele der Minoritätenpolitik unterscheiden sich seit der Teilung Vietnams im Norden und Süden beträchtlich. Die Politik der autonomen Zonen fand einen sehr viel größeren Widerhall als die Assimilations- und Integrationspolitik der Regierung in Saigon, die von der Überlegung ausging, daß eine verkehrstechnische und wirtschaftliche Erschließung des Gebiets zu einer allgemeinen Verbesserung des Lebensstandards und damit automatisch zu einer Lösung der »Moi«-Frage führen würde. Sie verfügte, daß die ›Wilden‹ fortan offiziell mit ›Bruder‹ anzureden seien; durch die Ansiedlung antikommunistischer Flüchtlinge an den annamitischen Berghängen drang sie aber zugleich ein in das Wohngebiet der »Moi« und bot damit der Vietminh-Propaganda willkommene Angriffsflächen. Nach einem Bericht amerikanischer Wissenschaftler – der in Zusammenarbeit mit der Ecole Nationale d'Administration in Saigon 1957 vorgelegt wurde – zogen fünf- bis sechstausend Rhadé nach der Teilung des Landes mit der Volksarmee nach Norden. Inzwischen haben die Kommunisten auch den »Moi« autonome Zonen versprochen.

»Die bloße Tatsache, daß die Demokratische Republik Vietnam eine Politik der Autonomie zuläßt, entscheidet unterdessen über die Assimilationsbemühungen anderer Regierungen in Südostasien..., die alle ernsthafte Schwierigkeiten... haben, ihre Politik gegenüber den eigenen Minderheiten durchzusetzen«, urteilt der amerikanische Historiker Bernard Fall in seiner 1960 erschienenen Studie über die Minoritätenpolitik des Vietminh-Regimes. Unter anderem meint er: »... diese Politik hat den Bergstämmen gezeigt, daß eine Koexistenz mit den Vietnamesen der Ebene möglich ist.«

China und die Mandarine

Das Verhältnis der Vietnamesen zu ihrem mächtigen nördlichen Nachbarn, zu China, ist von alters her zwiespältig. Im Gegensatz zu vielen anderen Völkern am Rande des »Himmlischen Reichs« konnten sie ihre Eigenständigkeit behaupten; auch einer tausendjährigen chinesischen Oberhoheit gelang es nicht, dieses Volk auszulöschen oder einzuschmelzen. Vielleicht findet diese erstaunliche Tatsache ihre Erklärung darin, daß die Vietnamesen sich nicht scheuten, alle überlegenen kulturellen Neuerungen aus China zu übernehmen, ohne dabei jedoch die Grundsubstanz ihrer in den autonomen Dorfgemeinden fest verwurzelten Volkskultur aufzugeben. Sie ersetzten die Hacke aus poliertem Stein durch den Metallpflug, übernahmen nach einem gescheiterten Aufstand das rationale Verwaltungssystem der Mandarine und die moralischen und politischen Lehren des Konfuzius.

Die Geschichte der ambivalenten Beziehungen Vietnams zu Peking kann hier nur angedeutet werden. Aber sie ist für das Verständnis der Gegenwart wichtig.

Die historische Bedeutung der vietnamesischen Jeanne d'Arc – Trung Trac – und ihrer Schwester, die im Jahre 39 nach unserer Zeitrechnung ihr Volk zum Widerstand gegen einen tyrannischen chinesischen Gouverneur aufriefen, mag überschätzt worden sein; es kennzeichnet jedoch den Selbstbehauptungswillen der Vietnamesen, daß sie bis heute in Sage und Vorstellung lebendig geblieben sind. Die organisatorische Überlegenheit Chinas, die sich seit 111 vor unserer Zeitrechnung tausend Jahre lang voll entfalten konnte, wurde zwar einerseits über die Übernahme von Institutionen und Techniken unterlaufen, sie forderte aber auch andererseits den Geist des Widerstandes heraus.

Neunhundert Jahre nach dem vergeblichen Aufstand der Schwestern – 939 – besiegten vietnamesische Rebellen die regulären chinesischen Truppen im Delta des Roten Flusses; sie begründeten damit – fünf Jahrhunderte vor der Entdeckung Amerikas – eine fast tausendjährige Unabhängigkeit. Vom 10. Jahrhundert an drängten die Vietnamesen südwärts vor. Auf dem sogenannten »Marsch nach Süden« war es dann gerade die von China übernommene Organisationsform, die der Ausbreitung der Vietnamesen auf Kosten ihrer hinduistisch beeinflußten Nachbarn: Champa, Laos und Kambodscha zugute kam und die die weit auseinanderliegenden Bauernsiedlungen über fast zweitausend Kilometer Entfernung wie eine Kette verband.

Fünfhundert Jahre lang kämpften die Vietnamesen zwischen der Pforte von Annam und dem Wolkenpaß mit dem Staate Champa und besiegten ihn schließlich 1471 endgültig. Im Bergland finden wir noch heute Restgruppen und Spuren dieser einst blühenden Kultur. Erst im 18. Jahrhundert drangen sie ein ins Gebiet der Khmer, in das Flußgebiet des Mekong, und erreichten schließlich den Golf von Siam. Unter der Herrschaft

Gia-longs – 1802 bis 1820 – wurden die eroberten Gebiete nach einer wechselvollen Geschichte von dynastischen Fehden, Intrigen und Bürgerkriegen vereint: Von nun an hieß das Kaiserreich, das vom Delta des Roten Flusses bis an den Mekong reichte, VIETNAM – das heißt: das Land im Süden.

Seine Verfassung glich weitgehend der des »Himmlischen Reichs«. Der Kaiser, als Sohn des Himmels, vermittelte zwischen dem Volk und der Gottheit; er vollführte die Riten und brachte Opfer dar, übte aber auch Herrschaftsfunktionen aus, indem er die Minister bestimmte. Diese bildeten einen geheimen Rat mit richterlichen, fiskalischen, administrativen und kultischen Funktionen. Der Beamtenapparat der Mandarine verzweigte sich nach unten über Provinzen, Bezirke, Distrikte und endete erst in den Kantonen, wo dann die Selbstverwaltung der Gemeinden begann. In die inneren Angelegenheiten der Dörfer und Gemeinden – die neben den allgemein gültigen Gesetzen ihre eigenen Verordnungen und Rechtsverhältnisse hatten – durften die kaiserlichen Mandarine sich nicht einmischen.

Von dieser zahlenmäßig kleinen, chinesisch gebildeten Oberschicht wurde der Staat jahrhundertelang geprägt und getragen; ihre geistige Grundlage war der Konfuzianismus. Anders als die Schüler Buddhas, die in den von ihnen gegründeten Klöstern und Pagoden Befreiung von den Leidenschaften und Leiden der Welt suchten, strebten die Anhänger der Lehre des Kungfutse nach den vier Tugenden: TRUNG – Treue zum Kaiser; HIEU – Pietät gegenüber Eltern und Ahnen; TIET – ein geordnetes Eheleben und NGHIA – Rechtlichkeit im sozialen Leben. Die Politik hatte dieser Moral zu dienen; es wurde ein patriarchalisches Gesellschaftsgebäude errichtet, das auf der Autorität des Kaisers und des Vaters beruhte.

Die Anhänger dieser Lehre waren Männer der Politik. In öffentlichen Wettbewerben qualifizierten sie sich für ein Amt im Staat, um diese Tugenden praktizieren zu können und um im bewunderten Stil des höfischen China mitzuwirken am geistigen Leben des Landes. Die Gebildeten jener Zeit – Mandarine, Dichter, Historiker, Romanschriftsteller – verfaßten ihre eigenen Werke in chinesischer Schrift und Sprache. Noch heute stammen auffallend viele Männer der vietnamesischen Führungsschicht in Nord und Süd aus dem Mandarinentum: Ngo Dinh Diem, Pham Van Dong, Nguyen Cao Ky, Ho Tschi Minh wurden als Söhne von Mandarinen geboren. Zwar war das Mandarinentum eine Meritokratie und kein Geburtsadel, und auch der Sohn des ärmsten Bauern konnte theoretisch zu den höchsten Staatsämtern aufsteigen, aber der soziale Vorsprung dieser Familien erleichterte das Studium der Söhne natürlich sehr.

In Dorf- oder Familienschulen konnten sich die Zöglinge unter der Anleitung eines Gelehrten auf die öffentlichen Staatsprüfungen vorbereiten. Zum Zeichen des Unterrichtsbeginns brachte der Schüler seinem künftigen Lehrer einen Opferhahn – im konfuzianischen Gedenken an den heraufdämmernden Geist. Der Studienverlauf kannte keine Vorschriften, er wurde allein von den Anforderungen bestimmt, die zur Erlangung der literarischen Grade gestellt wurden. Chinesische Literatur und chinesische Schrift und Sprache – die eine dem mittelalterlichen Latein vergleichbare Rolle spielten – waren der Stoff dieser Bildung, ihre moralischen Prinzipien waren konfuzianisch.

»Ein heiratslustiges junges Mädchen teilt lieber die Strohmatte eines zarten und fröstelnden Gelehrten als das Seidenlager eines reichen Kauf- oder Grundherrn«, heißt es im vietnamesischen Volksmund über den Mandarin. Aber nach solchem Überschwang fällt er sich selber ins Wort mit zahllosen Anekdoten und Sagen, in denen hochmütige und böse Mandarine zu Fall kommen. Gemischt aus Neid, Bewunderung und Haß entsteht das stereotype Bild vom »mächtigen Mandarin«.

»Wein, Spiel, Opium, Musik und Schlemmerei bilden ihren Hauptzeitvertreib. Ihre einzige Sorge ist darauf gerichtet, beim Kaiser Gunstbezeigungen zu erlangen, das Volk zu unterdrükken, um es auszusaugen, die Gerechtigkeit zu verkaufen, um sich auf Kosten der Unglücklichen zu bereichern«, schreibt der apostolische Vikar Retord, sicherlich nicht unbeeinflußt von den Schwierigkeiten, die die Mandarine seiner Missionsarbeit machten. Denn selbst Amtsmißbrauch und Korruption – die wie überall in der Welt auch in Vietnam nicht fehlten – vermochten das Ansehen der Mandarine nicht grundsätzlich zu erschüttern. Noch im Aufstand der Gelehrten vor der Jahrhundertwende und im nationalen Widerstand eines Phan Boi Chau lebten ihre Traditionen fort.

Französische Kolonialherren

Ein Jahrzehnt nach dem Beginn der französischen Eroberung – in den Jahren 1876 und 1879 – fanden die letzten großen öffentlichen Prüfungen für Mandarine in Hanoi statt, bei denen sechstausend Kandidaten für Verwaltungspositionen geprüft wurden. Aber das in Selbstgefälligkeit und Fremdenfeindlichkeit erstarrte System konnte sich gegenüber einer gewandelten Welt nicht lange behaupten. Was seine Überlegenheit ausgemacht hatte, seine Ordnung, stürzte als Immobilität den Staat Vietnam ins Verderben; lautlos, aber konsequent wurden unter der franzöischen Kolonialherrschaft die Mandarine entmachtet. An den wichtigsten Orten wurden ihnen zunächst französische Spezialisten – vor allem Steuereinnehmer – zur Seite gestellt. Um 1900 war dann das traditionelle Herrschaftssystem der Mandarine völlig unter französischer Kontrolle. Die drei Regionen des Kaiserreichs Vietnam: Tonking, Annam und Cochinchina wurden zusammen mit den beiden unabhängigen Königreichen Laos und Kambodscha 1893 zu Französisch Indochina vereint und – nach dem Leitsatz »divide et impera« – mit unterschiedlichem Status zentral regiert.

Die Macht und Autorität des Kaisers von Annam, wie die Franzosen den vietnamesischen Herrscher nannten, war damit praktisch zusammengebrochen, knapp hundert Jahre nach dem Höhepunkt vietnamesischer Machtentfaltung unter dem Kaiser Gia-long. Die Bedeutung des Hofes von Hué schrumpfte in dem Maße, in dem die wachsenden Städte Hanoi und Saigon zum Mittelpunkt von Macht und wirtschaftlicher Entwicklung wurden und sich dort eine neue Oberschicht herausbildete; diese Entwicklung hatte etwas Atemberaubendes.

Vor hundert Jahren konnte ein Besucher über das voreuropäische Saigon noch schreiben:

»Die Gebäude sind im allgemeinen aus Holz aufgeführt, manchmal mit Reisstroh und Palmblättern gedeckt, und gleichen so viel mehr Hütten als Häusern. Entsteht (was häufig der Fall ist) eine Feuersbrunst, so treiben die Einwohner einen Trupp Elefanten herbei, die dann mit ihren Rüsseln die umliegenden Häuser niederreißen. Die Häuser sind so wenig solide gebaut, daß ein Elefant in wenigen Minuten mehrere davon zerstören kann.«

Zehn Jahre später – um das Jahr 1870 – heißt es über die gleiche Stadt (und bereits diese wenigen Sätze lassen etwas erkennen vom Geist der »mission civilisatrice«, dem kulturellen Sendungsbewußtsein der Europäer):

»Schöne Baumalleen machen diese Straßen zum Sammelpunkt und Lieblingsspaziergange der fashionablen Einwohner, welche hier den Klängen einer französischen Militärmusik lauschen. Es gibt eine Menge Hôtels oder richtiger Kaffeehäuser... Die Straßen werden mit Öllampen erleuchtet und sind zu beiden Seiten mit Rinnsalen versehen. Der kleine botanische Garten, in dem auch unter anderen wilden Bestien zwei prachtvolle Königstiger aus Kambodscha gehalten werden, ist geschmackvoll angelegt. Unter den öffentlichen Bauten ragt der neuerbaute elegante Palast des Gouverneurs vorteilhaft hervor... In einem anderen Teile Saigons erhebt sich ein großes Nonnenkloster samt Kapelle, von einer niedrigen Mauer umgeben; auch sonst sind mehrere kleine katholische Kirchen vorhanden...«

Wie in so vielen großen Städten Asiens finden wir schließlich auch hier zwei gänzlich voneinander unterschiedene Welten: auf der einen Seite die europäische City und die Villenviertel, auf der anderen die noch heute übervölkerten Elendsquartiere der Einheimischen, die Slumdörfer, die schwimmenden Siedlungen am Fluß und an den Kanälen in den Außenbezirken der Stadt. Dieses Stadtbild repräsentiert aufs genaueste die wirtschaftliche und soziale Entwicklung des Landes während der Kolonialzeit: Einer blühenden Wirtschaft der Wenigen steht die soziale Misere der Vielen gegenüber. Indochina war der tropische Garten Frankreichs. Verwaltung und Wirtschaft waren in erster Linie auf die Bedürfnisse des Mutterlandes abgestimmt.

Es verdient daher festgehalten zu werden, daß Indochina die reichste Kolonie Frankreichs war; daß die staatlich privilegierte »Bank von Indochina« (eine der bedeutendsten Privatbanken Europas) durch die Verwaltung riesiger Kapitalien weit über Vietnam hinaus finanzpolitisch sehr einflußreich war und daß die durch sie vermittelten Investitionen auf rasche Profite zielten; daß Tourane (das heutige Danang) zu den strategisch wertvollsten Häfen des fernen Ostens zählte; daß gewaltige Zinn- und Kautschukexporte getätigt und andere Rohstoffe ausgebeutet wurden und daß schließlich bedeutende Märkte auf dem Spiel standen. Solche Fakten sind am Ende der kolonialen Epoche rasch in Vergessenheit geraten oder aber von Ideologien zugedeckt worden. Das Bild von der »Bürde des weißen Mannes« – das schon damals seine Interessen verklärte – ist keineswegs aus dem Bewußtsein verschwunden; es trägt heute nur modernere Züge, zum Beispiel in der »Verteidigung der freien Welt«.

Wohltuend konkret ist dagegen ein Bericht von der Londoner Weltausstellung im Jahre 1862 – also zwei Jahre nach der Eroberung Saigons und Cochinchinas; er beleuchtet die tatsächlichen Gründe europäischer Anwesenheit in diesem Lande sehr viel unbefangener. Es heißt darin, daß neben dem vortrefflichen Reis und der guten Baumwollernte die neue Kolonie vor allem durch folgende Erzeugnisse repräsentiert sei:

»Eßbare Muscheln, Meerkrebse, Trepang, geräucherte und gesalzene Fische, Schwalbennester, Bohnen, schwarze und weiße Haifischflossen, Schildpatt, verschiedene Gallerte, Pfeffer, Kardamon, Zucker, Erdnüsse, Kerne von wilden Palmen, Sesam, Mandeln, Basilikum, Kaschu, Sandelholz, Lack und Gummiarten, Wachs, Büffelhörner, Elefantenzähne, Pfauenfedern, Pelikanfedern zum Schreiben, siamesischen Hanf, Mangroverinde zum Gerben, verschiedene Arten Tabak, etwas Seide und Indigo ...«

Diese exotische Warenliste, die bis in Einzelheiten an die Tributlisten für chinesische Kaiser erinnert, ist zugleich ein Spiegel der tropischen Flora und Fauna des Landes und – wenn man sich die Mühe macht, darüber nachzudenken – ein Zeugnis für die Arbeits- und Kulturleistung seiner Bewohner.

Weiter heißt es:

»Diese Produkte gedeihen alle; letztere gleichwie Zuckerrohr und Kaffee trefflich und könnten die lohnendste Kultur bilden, wenn die Kolonialregierung verstünde, europäisches Kapital und europäische Intelligenz heranzuziehen, welche die vorhandenen Arbeitskräfte der Vietnamesen und Chinesen nutzbar machten.«

Um 1900 konnte aus diesen »Anregungen« Wirklichkeit werden. Der vietnamesische Widerstand gegen die neuen Herren war nach vier Jahrzehnten »Blut und Feuer« zunächst erschöpft; die materielle Disproportion zwischen West und Ost trug ebenso zu seinem Scheitern bei wie das politische und soziale Ungleichgewicht, in dem die alte, starr gewordene Ordnung zerbrach. Unter dem Gouverneur Doumer machten die Anlage von Gummiplantagen, die Intensivierung des Reisanbaus im Süden, die Ausbeutung der Kohle-, Zinn- und Bleivorkommen in Norden, die Errichtung von Textil- und Papierfabriken und von Zementwerken, der Bau eines ausgezeichneten Eisenbahn- und Straßennetzes, der Bau von Brücken und Häfen schließlich rasche Fortschritte. Zwar war die Kaufkraft der Vietnamesen durch eine harte Zoll- und Steuerpolitik drastisch begrenzt; »das Opium-, vor allem aber auch das Alkohol- und Salzmonopol verletzten« nach Meinung des französischen Historikers André Masson »viele private Interessen und zerschlugen jahrhundertalte Gewohnheiten, aber die finanziellen Resultate waren großartig.«

Den christlichen Glaubensboten, die seit dem frühen 17. Jahrhundert in Vietnam missionierten, waren die westlichen Handelspioniere auf dem Fuße gefolgt, und um die »Anliegen« beider in einem oft »ungastlichen« und »undankbaren« Land zu schützen, kreuzten Kanonenboote vor Küsten und Häfen. Zwischenfall, Strafexpedition, Stützpunkt, Niederlassung, Kolonie – das Alphabet europäischer Machtausbreitung im 18. und 19. Jahrhundert ist bekannt. Im Verlaufe dieses Kontakts empfingen die Vietnamesen eine lateinische Umschrift für ihre Sprache, lernten, ihre Kanonen selber zu gießen, und begründeten einige christliche Gemeinden, die als politisch aktive katholische Minderheit bis heute fortbestehen.

Eine Zweigniederlassung des französischen Mutterlandes ist Vietnam nie geworden. Bis zum Ausbruch des Zweiten Weltkriegs lebten nur etwa elftausend Europäer im Land; das ist nicht einmal die Hälfte der heute allein in Paris lebenden Vietnamesen. Neben einer privilegierten französischen Oberschicht, die alle staatlichen und wirtschaftlichen Schlüsselpositionen innehatte – Verwaltungsfachleute, Offiziere, Bankiers, Ärzte, Ingenieure, Kaufleute, Grund- und Bergwerksbesitzer –, bildete sich aber auch ein westlich orientierter vietnamesischer Mittelstand, eine neue Bourgeoisie heraus: Unternehmer, Landeigentümer und Geschäftsleute, die von der ökonomischen Entwicklung profitierten, weil sie die Vorteile einer Zusammenarbeit mit Frankreich erkannt hatten. Sie wurden reich, schickten ihre Söhne zum Studium nach Paris und bewarben sich nicht selten um die zusätzlichen Privilegien französischer Staatsbürgerschaft.

Bis dahin waren – wie fast überall in Hinterindien – Handel und Gewerbe fast ausschließlich Domäne der Chinesen, die abgesondert von der vietnamesichen Bevölkerung in ihren eigenen Vierteln und Städten lebten – Cholon zum Beispiel – und von dort aus die Produkte ihrer Reismühlen, Fischräuchereien und Werkstätten vertrieben.

Die Lebensform der Bauern und Fischer blieb außerhalb dieser modernen Entwicklung, die das Bild der Städte verwandelte; sie blieb aber keineswegs unberührt davon. Die soziale Struktur des Landes veränderte sich durch Landaufkäufe, Bodenkonzentration und Spekulation immer weiter zu ihren Ungunsten. Verschuldung und Übervölkerung, Analphabetentum und Unterdrückung sind die Wurzeln dieses bäuerlichen Elends. Traditionale und moderne Welt ergänzten einander nicht. Barfuß ging der Bauer am Rande der neuerbauten Autopisten auf sein Feld, um mit dem veralteten Pflug der Väter den zähen Reisschlamm zu pflügen. Sein Kontakt mit der westlichen Welt beschränkte sich auf Zufälle – belanglose Industrieartikel wie Feuerzeug oder Regenschirm. Ihm fehlten jegliche Voraussetzungen für eine Beteiligung am freien wirtschaftlichen Wettbewerb.

Als das in Dien Bien Phu geschlagene französische Expeditionskorps schließlich das Land verließ und die koloniale Fremdherrschaft zu Ende war, fand sich Vietnam zerteilt vor; unmittelbar darauf wurden seine beiden Teile eingespannt in eine weltpolitische Machtkonstellation, die seine sozialen Spannungen überlagerte und erdrückte.

Für den Bauern aus Ben Suc hat sich die Welt gegenüber dem ersten Indochina-Krieg noch immer nicht verändert: Noch immer sind fremde Truppen im Land, noch immer brennen die Dörfer, und aus Saigon hört er nur leere Versprechungen. Er fühlt sich von seiner Regierung im Stich gelassen. Wen kann es da wundern, wenn die (hierzulande Vietkong genannte) Nationale Befreiungsfront immer wieder Unterstützung bei ihm findet? Er muß nicht unbedingt Kommunist sein, wenn er in ihr die legitime Nachfolgerin der Vietminh sieht, die die Interessen der Reisbauern, seine Interessen, glaubwürdiger vertritt (denn kein ernsthafter Beobachter der Situation in Vietnam erklärt die gerade jetzt wieder offenkundig gewordene Unterstützung des »Vietkong« allein mit dem Terrorargument).

Es ist heute (1967) sicher nicht möglich zu sagen, wie die zukünftige Entwicklung des Landes aussehen wird; nur soviel ist gewiß: eine politische Friedensregelung, innere Stabilität, wird letzten Endes davon abhängen, ob es gelingt, das menschenunwürdige Los dieser Bauern radikal zu verändern. Das wird nach Lage der Dinge mit einer umfassenden Landreform beginnen müssen – oder, um es noch einmal mit den Worten des vietnamesischen Dorfsprechers zu sagen: »Das Dorf braucht Frieden, und den wird es erst geben, wenn der Pächter eigenes Land hat.«

Renate von Gizycki

Psalm zur Heiligen Nacht

Und ich freue mich nicht
da sie
von Dingen reden
die mir teuer sind:
FRIEDE AUF ERDEN!
Und es schmerzt mich
daß sie sich
freuen und
ich freue mich nicht und

ich fürchte mich –
denn der Himmel ist hell
von Feuersbränden und der Stern
von dem da geschrieben steht: ich
kann ihn nicht entdecken!

Hieß dieser Ort
BETHLEHEM oder BEN SUC
wo man keinen Raum hat
für Neugeborene –
nur eine Schütte Stroh?

Und ich freue mich nicht
und es schmerzt mich
daß sie sich freuen und
ich fürchte mich:

Glaubt Ihr an Engel
weil die Piloten heut
unter dem Christbaum sitzen?

Waffenruhe unter den Wolken und
ich freue mich nicht

Eure Hirten tragen geflecktes
Tarnzeug mit Zweigen
besteckte Helme kaum
auszumachen im Feld

Und es schmerzt mich
daß sie sich freuen
und ich fürchte mich
vor dem alten Hirtenwort:

Laßt uns nun gehen
zu diesem Ort
und die Geschichte sehen
die da geschehen ist!

(1968)

Brief aus Berkeley

Nun ist Göttingen
fern in Europa und
beinah
glücklicher dran: ein Ort
ohne Einberufungsbefehle
wo es noch
beinah
genügt ein schlechtes
Gewissen zu haben
ein finsterer Ort einst
in einem finsteren Land
aber
die Finsternis
ist weiter gewandert und
hellere Plätze
gibt es bald nirgendwo mehr
auf der Welt

(1968)

Auftrag: bewegliche Ziele

Für einen unbekannten
US-Piloten[1]

Ein Auto bewegt sich –
Im Hafen die Schiffe
Ein Ochsenkarren
Ein Güterzug

Die Marktfrau bewegt sich –
Ein Hund, ein Reiher
Ein Kind
Ein Huhn, ein Schwein
Sind beweglich

Still liegt die Brücke
Über dem Strom, das Wasser
Bewegt sich
Die Wolken, die Bäume

Still liegt das Land
Liegt das Reisfeld
Im Wasser
Bewegliche Ziele
Büffel und Mensch

1 Einer Radiomeldung zufolge mußten einige Piloten aus Vietnam in ihre Heimat zurückgeschickt werden, weil sie in den Verdacht geraten waren, vorsätzlich ihre Ziele verfehlt zu haben.

Still ist das Wasser
Die Brücke bewegt sich
Der Himmel bewegt sich
Über den Hütten

Aufwiegeln wollt' ich
Was sich nicht regt und
Stillen den Schmerz, denn
Der Schmerz bewegt nichts

(1967)

Soldatenlied aus der Ebene der Tonkrüge

Der Wasserbüffel ist tot
Hört meine Brüder im Land
Ihr schönen Töchter der Kha
Das Reisfeld ist ohne Wasser

Wer wird nun die Felder jäten
Ihr schönen Töchter der Kha
Mein Wasserbüffel ist tot
Mein Reisfeld ist ohne Wasser

Hört ihr Brüder im Land
Ich will nicht dies Totenfest feiern
Ich will diese Gräben nicht ziehn
Den Mund voll trockener Erde

Wenn sich im Dunkel die Berge berühren
Ihr schönen Töchter der Kha
Kann ich nicht weinen
Kann ich nicht schlafen

Wenn die Sonne
Sich rot in das Flußtal stürzt
Kann ich nicht sprechen
Mit trockenem Munde

Kommen die wilden Tiere zur Tränke
Zum Wasser
An dem ich verdurste
Der Wasserbüffel ist tot

(1965)

Quellenvermerk

Reise nach Vietnam (1979)
Vietnam heute – Eindrücke einer Reise
Westdeutscher Rundfunk/Südwestfunk 14.2.1980
Nachdruck (gekürzt) in: *Frankfurter Hefte* 7 und 8 (Juli, August) 1980
Nachdruck (gekürzt) in: Internationales Asienforum, Vol. 11 (1980), No. 3/4 (p. 229–252)
»Wir sind doch gleichberechtigt« – Begegnung mit Frauen in Vietnam
Norddeutscher Rundfunk/Hessischer Rundfunk 1980 und *Der Überblick*, Zeitschrift für ökumenische Begegnung und internationale Zusammenarbeit, Hamburg, 4/1979
Fotografische Impressionen
S/W-Fotos der Autorin
S. 183 Autorin mit Schriftstellerinnen 1979 – Hanoi: Haus der Schriftsteller
Gedichte
»Vietnamesisch für Anfänger«
in: *Kürbiskern* 2/68 (München)
»Befrieden«
in: *Kürbiskern* 2/68 (München)
Vietnam nach Vietnam – Zukunftsvorstellungen vietnamesischer Studenten
Westdeutscher Rundfunk 1969
Nachdruck (gekürzt) in: *Frankfurter Hefte* 1 und 2, 1970
Gedichte
»Die Kunst der Delphine oder Flipper in Vietnam«
»Drei Fragen an einen Tierfreund«
»Lesung für die Menschenrechte«
Göttingen 1981 (amnesty international)
Reisbauern und Mandarine – Zur Sozial- und Kulturgeschichte Vietnams (1967)
Westdeutscher Rundfunk 1968
Gedichte
»Psalm zur Heiligen Nacht«
»Brief aus Berkeley«
Unveröffentlichte Texte

»Auftrag: bewegliche Ziele«
In: *Horizont* Heft 7/8 1966 und *London Letter* 1967
»Soldatenlied aus der Ebene der Tonkrüge«
In: *Hannoversche Presse* (Beilage 2./3.10.) 1965

Literaturhinweise

Auswahl deutschsprachiger Literatur zu Vietnam

Aktueller Informationsdienst Asien: Vietnam. Institut für Asienkunde, Hamburg.

Alsheimer, G. W., Vietnamesische Lehrjahre, Suhrkamp Verlag, Frankfurt 1968.

Alsheimer, G. W., Eine Reise nach Vietnam, Suhrkamp Taschenbuch, Frankfurt 1979.

Bensberger Kreis (Hrsg.), Die Christen und der Krieg in Vietnam – Ein Memorandum deutscher Katholiken, Matthias Grünewald Verlag, Mainz 1969.

Chomsky, N., Indochina und die amerikanische Krise. Im Krieg mit Asien I., Suhrkamp Taschenbuch, Frankfurt 1972.

Chomsky, N., Kambodscha, Laos, Nordvietnam. Im Krieg mit Asien II., Suhrkamp Taschenbuch, Frankfurt 1972.

Eckardt, A. und Nguyen Tien Huu, Vietnam – Geschichte und Kultur, Eurobuch-Verlag, Freudenstadt/Württ. 1968.

Fried, E., und Vietnam und. Gedichte mit einer Chronik, Wagenbach Quartheft 14., Berlin 1966.

Gizycki, R. v., Wohlfahrt oder Endlösung/Materialien zur Situation der Bergvölker in Indochina und Thailand. In: *Frankfurter Hefte* 3 und 4/1972.

Gizycki, R. v., »Wir sind doch gleichberechtigt...« – Begegnung mit Frauen in Vietnam. In: *Der Überblick*, Zeitschrift für ökumenische Begegnung und internationale Zusammenarbeit (Hamburg) 4/1979.

Greene, G., Der stille Amerikaner (Roman), Rowohlt Taschenbuch, Reinbek 1958.

Grobe, K., Wie viele Vietnam? Vorwort zu: Viet Tran, Vietnam – heute, Fischer Taschenbuch Verlag, Frankfurt 1979.

Grobe, K. und A. Buro, Vietnam! Vietnam? Suhrkamp Taschenbuch, Frankfurt 1984.

Grobe, K., Kleine und große Tiger – Kampf um die regionale Vorherrschaft in Indochina. In: *Der Überblick*, Zeitschrift für ökumenische Begegnung und internationale Zusammenarbeit (Hamburg) 2/1986 (Südostasien zwischen Wachstum und Armut).

Haas, H., Gespräche in Saigon, Reportagen aus Vietnam, Lahn-Verlag, Limburg 1966.

Halberstam, D., Vietnam – oder wird der Dschungel entlaubt? Rowohlt Taschenbuch, Reinbek 1965.

Holzer, W., Vietnam – oder die Freiheit zu sterben, Piper Verlag, München 1968.
Holzer, W., Bei den Erben Ho Tschi Minhs – Menschen und Gesellschaft in Nordvietnam, Bücher der Süddeutschen Zeitung, München 1971.
Horlemann, J. und Gäng, P., Vietnam – Genesis eines Konflikts, Suhrkamp Taschenbuch, Frankfurt 1966.
Le Thanh Khoi, 3000 Jahre Vietnam – Schicksal und Kultur eines Landes, Kindler Verlag, München 1969.
Mc Carthy, M., Vietnam-Report, Knaur, München/Zürich 1968.
Mc Carthy, M., Hanoi 1968, Knaur, München/Zürich 1968.
Möckel, K. und A. (Hrsg.), Erkundungen – 16 vietnamesische Erzähler, Volk und Welt, Berlin 1977.
Neudeck, R. (Hrsg.) Wie helfen wir Asien? oder »Ein Schiff für Vietnam«, Rowohlt Taschenbuch (rororo aktuell), Reinbek 1980.
Nguyen Cung Giu, Der Sohn des Walfischs, Verlag Helmut Kossodo, Genf und Frankfurt 1957.
Nguyen Tien Huu und Eckardt, A., Vietnam – Geschichte und Kultur, Eurobuch-Verlag, Freudenstadt/Württ. 1968.
Pham Duy Khiem, Vietnamesische Märchen, Fischer Bücherei, Frankfurt 1968.
Russel, B. und Sartre J. P., Das Vietnam-Tribunal oder Amerika vor Gericht, Rowohlt Taschenbuch (rororo aktuell), Reinbek 1968.
Sachverständigenkommission im Auftrag der Quäker (Bericht und Analyse einer amerikanischen Kommission) mit dem vollständigen Text der Genfer Verträge von 1954 und dem Programm der Nationalen Befreiungsfront, Kleine-antworten-Reihe im Stimme Verlag, Frankfurt 1966.
Scholl-Latour, P., Tod im Reisfeld – Dreißig Jahre Krieg in Indochina, DVA, Stuttgart 1979.
Sontag, S., Reise nach Hanoi, Rowohlt Verlag, Reinbek 1969.
Thich Nhat Hanh, Lotos im Feuermeer, Vietnam – Geschichte Krise Friedensappell, Chr. Kaiser Verlag, München 1967.
Weiss, P., Viet Nam Diskurs, Suhrkamp Verlag, Frankfurt 1968.

Politische Reiseberichte

Band 3884

Band 3883

Band 3881

Band 3882

Band 3886

Band 3880

Fischer Taschenbuch Verlag

fi 508/3

Fischer Länderkunde

Die Fischer Länderkunde vermittelt ein umfassendes Bild der Erde, nicht allein der Landschaft und der natürlichen Lebensgrundlagen, sondern vor allem der auf ihnen gewachsenen kulturellen, wirtschaftlichen, gesellschaftlichen und politischen Formen. Sämtliche Bände sind Originalausgaben.

Band 1
Ostasien
Peter Schöller, Heiner Dürr, Eckart Dege (Hg.)
Band 6120

Band 2
Südasien
Jürgen Blenck, Dirk Bronger, Harald Uhlig (Hg.)
Band 6121

Band 3
Südostasien – Australpazifischer Raum
Harald Uhlig (Hg.)
Band 6122

Band 4
Nordafrika und Vorderasien
Horst Mensching, Eugen Wirth (Hg.)
Band 6123

Band 5
Afrika – südlich der Sahara
Walther Manshard (Hg.)
Band 6124

Band 6
Nordamerika
Burkhard Hofmeister (Hg.)
Band 6125

Band 7
Lateinamerika
Gerhard Sandner, Hanns-Albert Steger (Hg.)
Band 6126

Band 8
Europa
Walter Sperling, Adolf Karger (Hg.)
Band 6127

Band 9
Sowjetunion
Adolf Karger (Hg.)
Band 6297

Band 10
Australien – Neuseeland – Südpazifik
Hanns J. Buchholz (Hg.)
Band 6378

Fischer Taschenbuch Verlag

fi 281/4